名人与台江

MING REN YU TAI JIANG

福州市台江区文联
福州市台江区社科联 编

海峡出版发行集团 | 海峡文艺出版社

图书在版编目(CIP)数据

名人与台江/福州市台江区文联,福州市台江区社科联编.—福州:海峡文艺出版社,2023.10
ISBN 978-7-5550-3458-2

Ⅰ.①名… Ⅱ.①福…②福… Ⅲ.①名人-生平事迹-台江区-近代 Ⅳ.①K820.857.4

中国国家版本馆 CIP 数据核字(2023)第 171100 号

名人与台江

福州市台江区文联　福州市台江区社科联　编
出 版 人　林　滨
责任编辑　余明建
出版发行　海峡文艺出版社
经　　销　福建新华发行(集团)有限责任公司
社　　址　福州市东水路 76 号 14 层
发 行 部　0591－87536797
印　　刷　福建名彩印刷有限公司
厂　　址　福建省闽侯县甘蔗街道南兴路 7 号 C 栋
开　　本　889 毫米×1194 毫米　1/32
字　　数　141 千字
印　　张　7.25
版　　次　2023 年 10 月第 1 版
印　　次　2023 年 10 月第 1 次印刷
书　　号　ISBN 978-7-5550-3458-2
定　　价　68.00 元

如发现印装质量问题,请寄承印厂调换

满江星火一天星
——《名人与台江》序

钟兆云

2011年,我在福州市作协主席任上策划出版"闽都作家文丛",数年间推出二十来部作品和集子。我在为第一辑文丛撰写总序《在闽都绽放文学灿烂的星空》时,期待这套丛书能给榕城增加文化亮色,带动和影响一批创作者,推动闽都文学事业繁荣发展。岁序更替,华章日新,一轮12年倏忽而过,这个翘首企足倒也差强人意。

当年的"闽都作家文丛",培养了一批福州籍写作者,台江诗人叶发永先生是为扶持和培养的对象之一。我欣慰地看到,他这些年搏击文海,"驾一叶之扁舟,举匏樽以相属"间,发展迅速,且隽永绵长,时有佳作在大江南北引人注目,转岗主持台江区文联后,不辍耕耘中,也扎实推进文学精品创作和文学人才培养,争取各方支持,遂有"台江作家文丛"之创。

此文丛第一辑共三卷,其中诗歌卷《爱着这个不完美的人间》、散文卷《海峡风吟》,围绕闽都历史遗迹、山水风景、闽都先贤、乡愁乡思等展开创作，呈现关乎传统文化和闽都文化的家国情怀，而作为名人卷的《名人与台江》一书，则以台江区十位名人为书写对象。如此三卷，以不同的文学笔法展现了闽都风华，重点为台江景、台江物、台江人、台江事，具有浓厚的时代气息和浓郁的南台特色。

这十位名人，主要是近代以来在台江创业或生活过的科教界、文化界、工商界巨子，多数为世人耳熟能详。如清末民初侨领、民主革命家、教育家、曾率福州移民开垦马来西亚砂拉越诗巫（新福州）的黄乃裳；如中国近代古文大师并以意译外国名家小说（林译小说）风靡近代文坛译界的福建理工大学前身"苍霞精舍"重要创办人林纾；如中国现代著名作家郁达夫；如曾任中国化学工业部副部长、学部委员（中科院院士）的中国化学工业奠基人侯德榜。还有旺族世家中的翘楚如洪氏家族、欧阳家族、罗金城家族等。执笔者不乏知名作家，使得这些名人的造像跃然纸上，栩栩如生。十篇记传体文章，在大力宣传与弘扬名士们的爱国业绩时，也传递并丰富了蕴含其中的精神内涵及时代价值。金无足赤，人无完人，书中人物和古今中外绝大多数名人一样，可能也并非十全十美，其可争议处有时"留白"，有时秉笔直书，恰也是留给后人的可思考处。

中华五千年，各个时代各行各业能力和品德超尘拔俗而备受景仰的人物层出不穷，崇尚名人一直都是耐人寻味的文化现象，也因此出现了大量抢名人、生吞活剥名人等现象，值得我们注意。

本书中，有的名人虽自外来，因其人生、事业的气息留下过这片土地，从一个侧面印证了台江当年海纳百川、有容乃大的气度，而挖掘、记录和反映他们与台江关联密切的行止、风范及"人生三不朽"（立德、立功、立言），既是对他们相关传记的补充，也是对当下台江人带着自豪和荣誉感奋进、推动时代发展的一分激励。1936年，郁达夫从福州（或许就在台江码头上船，待考）赶往上海参加鲁迅追悼会后，写下《悼鲁迅》一文，其中写到："没有伟大的人物出现的民族，是世界上最可怜的生物之群；有了伟大的人物而不知拥护、爱戴、崇仰的国家，是没有希望的奴隶之邦。"名人离伟大还有着极大的差距，但他们的成功人生特别是功在社稷之处所创造和承载的中华民族优秀传统文化精神，一样值得我们敬重并追思。属于台江的名人远不止书中这些，尚需进一步有系统地发掘，对他们的宣传和书写当可丰富地方史志和乡土教材的内容，在再现"满江星火一天星"的盛况时，也呼唤"江山代有人才出"的东风。新的时代，特别要营造一种见贤思齐、厚德载物的文化氛围，关注并推动各行业特别是新领域的小人物多多长成大树，多一些任别人怎么抢也抢不去的本地名人，在派江吻海的台江多多益善、生生不息地发展社会主义先进文化。

党的二十大报告把"发展社会主义先进文化，弘扬革命文化，传承中华民族优秀传统文化"，作为"满足人民日益增长的精神文化需求……不断提升国家文化软实力和中华文化影响力"、实现中国式现代化的战略部署。研究者创作者在弘扬并传承先进文化时，既能熏陶自己，在人格高地筑就精神屏障，还能唤起人们的信仰，养就全社会的"浩然之气"，为国家和民族健康发展提供足够的力量支撑。由此观之，这本只描摹了十颗"星"的书虽小，却也在为"加快构建中国话语和中国叙事体系，讲好中国故事、传播好中国声音，展现可信、可爱、可敬的中国形象"作出了一分努力，让人联想今日台江也已是星光冉冉。

包含《名人与台江》在内的这套文丛，旨在讲好台江故事，打造台江文艺品牌，为建设文化强区贡献力量。总的来看，作品主题鲜明，风格多样，内容丰富，具有可读性和感染力，是台江文化成果、文学实力的一次集中展示。如果对这些名人的事迹多一些深挖、爬梳剔抉，书写者的写作追求远大一些并多些饱满的情感投入，或许就更见好了。这也给此类纪传体文章的写作提出了更高的要求，在此愿与同行深学细悟，躬行不息。今后市区一级宣传文化部门多一些类似这样的谋篇布局，众人拾柴之后，有了源源不断健康向上、催人奋进的精神食粮和强大的精神动力，必然能在文化强区、文化强市的基础上，抵达文化强省、文化强国的远方。

宋代大诗人陆游曾寻访台江，从他的《度浮桥至南台》之诗可知其当年"九轨徐行怒涛上"的行状，以及"白发未除豪气在，醉吹横笛坐榕阴"的心境。想来"同光体"闽派殿军人物何振岱是读过放翁此诗的，是故其《夜过万寿桥》一诗有"吹笛榕阴何许客，此中可有陆龟蒙"之句。今日台江多迎来一些名士伟人过往，多营造些如清代诗人魏秀仁所钟情的"白马桥边驻足听""满江星火一天星"之境，多一些人事入传，那么，下个百年千年，或许有人也会情不自禁地道声"台江自古繁华……"

因我粗涉文史，这套丛书运作之时，有关人员曾有意邀我入盟，终以诸因敬谢不敏。书成，叶发永先生诚恳索序，情知再却不恭，而书中人物不少为我所关注，或写过其人其事片断，读时容易同感共情，由此便从命写下这篇实在不成敬意的随感。

2023年10月11日晚
于闽江畔苦乐斋

（钟兆云，中共福建省委党史方志办副主任，福建省作协副主席，福建省传记文学学会创会会长，中国作协会员。）

目录
CONTENTS

黄乃裳：进退一身关社稷 ································· 黄文山 /01

郁达夫：归去来兮 ······································· 杨际岚 /17

侯德榜：从台江走出来的化学泰斗 ······················· 章礼提 /46

林纾：苍霞精舍的投影 ··································· 王柏霜 /76

胡文虎："虎王"的双杭情 ······························· 赵玉明 /104

高振洋：高家大院的峥嵘岁月 ················· 林耀琼　林雨馨 /134

黄培松：武状元与故居 ··································· 郑和 /146

洪氏家族："海丝茶王"的商业传奇与家国情怀

·· 石丽钦 /163

欧阳家族：生顺茶栈 ··························· 欧阳雨铿　欧阳芬 /179

罗金城家族：钱庄古厝话春秋 ···························· 秦佳 /202

黄乃裳：进退一身关社稷

黄文山

1911年11月9日，曙色初露，一支300多人的队伍，浩浩荡荡自仓山桥南同盟会总部入城。他们快速地经中亭街、吉祥山、茶亭、南街到达花巷。走在前头的是一位六十多岁的长者，他神采奕奕，手里还不住挥动着一面绣有18颗星的红色大旗，旗子在风中猎猎起舞，引人瞩目。18颗星旗，又称铁血旗、首义旗，是武昌起义革命军的旗帜。18颗星象征汉地18省，以此代表全国。队伍里，有不少年轻人或肩扛长枪，或手持大刀，一路高呼口号："驱逐鞑虏，复我中华！"一路抛洒传单。道路两旁，挤满了围观的人群。昨夜的隆隆炮声早已将他们从梦乡中唤醒。他们纷纷谈论着这支队伍刚刚带来的大快人心的消息：继上月武昌首义之后，全国各地的反清斗争风起云涌。地处东南的福建也不例外。他们听到的，正是起义军和清军在福州南门于山激战的炮声。而经过几个时辰的鏖战，胜负已分。革命军击溃旗兵，正从东、南两个方向向总督衙门和将军衙门发起最后的冲锋。

这位带队入城的长者就是黄乃裳。在这场战斗中，由他精心

组织和编练的同盟会学生炸弹队在配合起义的新军中发挥了重要作用。这些炸弹队员都是他从英华、福音、培元三个教会学校的学生中挑选出来的。炸弹队的训练场就安排在黄乃裳家中,他们利用夜色掩护,进行了三个多月的准备,今天,终于利剑出鞘,寒光震敌。

投身维新变法

黄乃裳出生于1849年,闽清六都湖峰(今坂东镇湖头村)人。他早年加入基督教教会,是闽清首批基督教徒。年轻时他师从许扬美牧师学习,并作为他的助手跟随他布道到古田、尤溪、沙县、顺昌、延平等地,目睹了挣扎在社会底层的百姓的种种疾苦。不久,美以美教会在福州创办了福音、培元两书院,黄乃裳积极参与筹划并出任教习,后来又协助教会于1881年创办了英华书院。黄乃裳热心办教育,他说:"中国的积弱由于民智不开,而开通民智有治本、治标二法:办学为治本之图,办报为治标之计。"他决心通过办教育来启发民智,改造社会,拯救国家。因此这三所书院虽带有浓厚的基督教色彩但又体现了革新和开放的理念,向学生广泛传授科学知识。1884年,甲午海战失败,黄乃裳三弟黄乃模在作战中壮烈牺牲。悲痛之后,他深感国贫民弱,对清政府的腐朽无能,产生了强烈的不满,认定"中国非改革不足以图存"。1895年,康有为、梁启超在京联络各省应试举人1300多

黄乃裳：进退一身关社稷

人发动"公车上书"，要求变法。黄乃裳积极响应，投身维新变法。他自叙先是参加闽学会活动，后来又"奔走于六君子及讲究新学诸京官之门"，"以讨论变法维新事，兴会淋漓"，"满望中国之衰弱，得贤君以振兴之"。这期间，他还8次上书光绪皇帝，提出自己的政治见解和维新建议。他频繁来往于北京和福州两地间，鼓吹变法，以拯救国家。

黄乃裳在福州期间，多数时间住在台江闽清会馆（亦称梅邑会馆，位于福州市台江区帮洲街道后田新闽街71号）里。1896年，黄乃裳创办了福建近代第一张报纸《福报》，以报纸为阵地，大力宣传变法维新。1898年，慈禧太后发动政变，镇压维新人士，谭嗣同、林旭等六君子罹难。康有为、梁启超亡命日本。黄乃裳也在清政府的通缉名单之列。一时，罡风凛冽，神州大地一派肃杀。为了避祸，更是想为家乡贫苦百姓觅得一生路，于是，才有了之后黄乃裳带领千名移民垦荒新福州的壮举。

率移民下南洋

组织家乡贫困农民移民垦殖，开发"新福州"，实是黄乃裳人生中最精彩的一笔。不想这一笔，却以自己的黯然离去而收篇。

福建本就山多田少，加之清末赋税繁多，百姓不堪重负。曾经担任过闽浙总督的谭钟麟就曾这样感叹："闽地苦瘠，丰年亦不足食，乡曲贫民，终岁啖红薯，十室而九空。"这就造成了许

《名人与台江》

★黄乃裳

多人不得不背井离乡,到国外去当契约苦力,俗称"猪仔"。黄乃裳的家乡闽清也不例外。每每与朋友谈及家乡契约劳工的非人遭遇,黄乃裳便如鲠在喉。有次,他听友人说起马来西亚及周边英荷所属殖民地是块富饶的地方,而且多未开发。他心中产生了一个大胆的想法,组织失去生计的家乡贫苦农民,到南洋开辟一片属于自己的新天地。他在七十自叙中写道:"觅一地旷人稀之处,可容数百万人以业农者,为桑梓穷无聊赖之同胞辟一生活路径,不至槁饿而死,且以远女主之淫威与夫专制之虐毒。"生活可以温饱,且不受专制的迫害,这个地方就是黄乃裳心目中的理想国。于是在征得多位朋友特别是在新加坡行医的大女婿林文庆的赞成后,他毅然决然在年过半百之年,踏上赴南洋考察之途。

1899年9月,黄乃裳举家南渡,来到新加坡。他以急切的心情向女婿林文庆详谈择地移民垦殖的计划:选一块未开垦的处女地,而后回家乡招募农工,先招一两千人参加早期开发,待成功再扩大规模,以期达到万人以上,形成农垦小镇。开发初期,生

黄乃裳：进退一身关社稷

产以家庭为单位进行，先种粮食作物，解决口粮自给后再经营多种热带经济作物，继而办加工厂，设商店、学校、医院和教堂。

在林文庆的协助下，黄乃裳于翌年5月离开新加坡，到沙捞越考察。沙捞越位于婆罗洲岛西北部，首府古晋，面积约为12万平方公里，人口仅14万，原属文莱苏丹管辖，1846年独立。在当地华侨的帮助下，黄乃裳迫不及待地乘船进入拉让江流域。他见这里原始森林密布，河流纵横交错，无高山峻岭，土地肥沃而人口稀少，适合移民。船行三天，到达诗巫坡。这一带，更是旷野平畴，一眼望去，到处是棕榈树和椰子树，一派郁郁葱葱，黄乃裳心中大喜：这里就是他心中的理想国。

在当地侨领王长水的引荐下，黄乃裳拜会了沙王布鲁克二世，并以"新福州"港主的身份，和沙王订立了开垦诗巫的17条合约。由于此前沙王和新加坡殖民当局在劳工移民中产生诸多矛盾，所以，黄乃裳拟从国内招募熟练农工参加当地垦殖并由港主自行管理的方案，得到沙王的赞许和期待。

1900年9月，黄乃裳开始在闽清、古田、闽侯等地招工。这年12月，第一批来自闽清、古田的移民91人由福州乘"丰美"号轮船经新加坡前往马来西亚诗巫。翌年2月，黄乃裳亲自带领第二批535名移民登船，3月16日清晨，搭载垦农的轮船驶入拉让江，下午6时，抵达诗巫码头，受到首批到来的乡亲们的热情欢迎。黄乃裳兴致勃勃，将诗巫命名为"新福州"。3月16日这天也成为"新福州"垦场的永久纪念日。到6月，第三批移民抵

达诗巫。至此,集合在黄乃裳身旁的总共有1118名垦荒者。

当垦农们安顿下来后,黄乃裳不顾旅途疲劳,亲自为之分划地段,组织生产。为此,黄乃裳成立了"新福州垦场公司",用来管理整个垦场工作。公司设有总办、总巡、监工等管理人员,负责垦场日常行政事务,对外负责与沙捞越政府联系,处理与当地土著人的纠纷;对内负责安排垦农的生产、生活及公益事业等问题。公司规模不大,除了为垦农的生产、交易提供方便外,还以垦农为服务对象,供应米、油、盐、糖、咸鱼、粗布和灶具、食具等。但是,许多垦农一时拿不出钱来购买这些生活必需品,只能赊账。沙捞越地处热带,高温高湿,垦农对气候不适,容易得病。垦场中新开了一家刘氏中西药房,既卖药也治病。到刘氏中西药房赊欠的人更多。刘氏把垦农所欠的账统记在港主黄乃裳的名下。为了方便垦农,黄乃裳也觉此计可行。但公司的经济危机在日积月累中已经悄悄到来。黄乃裳赖以支撑农场的除了沙捞越政府的贷款外,主要靠亲朋好友的支援。资金有限,可是农场草创期间到处需要钱,黄乃裳左支右绌,十分拮据。到了1903年,公司资金已经接近枯竭了。他决定按先前与垦农订立的协定,抽取农作物什一捐,用以维持公司日常运营。但一些垦农对公司做出的决定十分不满,一时垦场内流言纷起。不料,雪上加霜,就在这紧要关头,开药店的刘氏兄弟向沙捞越政府状告黄乃裳,要求他归还垦农所欠的所有诊费和药费。

沙王布鲁克二世本来就对黄乃裳拒绝在垦场内销售鸦片、开赌场，同时处处维护垦农利益，迟迟不向垦农收回贷款十分不满。适逢刘家兄弟告状，于是，他向黄乃裳提出了一个最后通牒式的条件：立即还清拖欠沙捞越政府以及他人的债务，否则马上离开沙捞越，不得再经营"新福州"垦场。

面对沙王无情的裁决，黄乃裳别无选择。黄乃裳被迫离开"新福州"垦场，是他人生事业中的一大挫折。回想四年多来，他带领垦农，沐雨栉风，将一片蛮荒之地开垦成农田，现在垦场已经粗具规模，生产开始走上正轨，垦农的生活也较安定。而他却只能以这样的结局离开。他心中十分悲凉。他甚至觉得自己就是塞万提斯笔下的那位堂吉诃德，与风车作战，最终大败而归。不过，离开"新福州"，也促使黄乃裳早日走出"理想国"失利的阴影，此后更加坚定地投入民主革命的活动中，成为辛亥革命的坚强斗士。

辛亥革命斗士

1900 年 7 月，在前往南洋考察途中，黄乃裳拜会了孙中山先生。黄乃裳信服和拥护孙中山推翻满清统治、建立民主共和国的革命主张，孙中山赞赏黄乃裳一心报国的热情，两人一见如故，遂成莫逆之交。1904 年 7 月，黄乃裳到新加坡与爱国华侨陈楚楠、张永福会面，共商大举。他冒着被清政府缉捕的危险，带回大量宣传革命的图书，分发给福州、厦门、潮州等地的进步青年，大

造革命舆论。接着，他又赴上海与革命党人蔡元培、宋教仁、林森等会晤，到潮州与许雪秋、陈芸生等人商讨发动起义事宜。

1906年，在孙中山先生亲自引荐下，黄乃裳再度前往新加坡宣誓加入同盟会，并成为同盟会福建支会的负责人之一。其时，福建支会属新加坡分会领导。1911年春天，福建革命党人开始了起义准备工作。他们以各种公开的社团组织为掩护，暗中集聚革命力量。黄乃裳此时兼任英华、福音、培元三书院教务长，同时还是福州基督教青年会会长。他利用这些身份，暗中物色一批有理想的热血青年，团结在自己身边。同时，他创办了桥南体育会，以锻炼身体为掩护，从事革命活动。体育会参加者多为三书院的学生以及附近工厂、医院的青年员工。除了节假日，体育会每天清晨6时到7时半组织会员集中在仓山麦园顶操练。

1911年4月，黄兴等组织发动了广州起义，许多福建革命党人参加了起义。起义失败后，罹难的革命党人被埋葬在黄花岗，史称黄花岗72烈士。黄花岗死难烈士中，福建籍的有20人，其中半数属黄乃裳的学生。同盟会新加坡分会副会长张永福在《南洋与创立民国》一文中这样写道："迨粤中三月廿九之役（即广州起义），当发动之先，黄君（黄乃裳）怂动其最信任之青年多人入粤。至黄花岗失事，闽人死义者占至20位，其中黄君之门弟子在半数。黄君虽不躬豫，其遥中声应束其爱徒为主义而牺牲，阙功之伟，可谓不在烈士之下矣。"高度评价了黄乃裳在这次广州起义中的作用。

黄乃裳：进退一身关社稷

根据中国同盟会总会的部署，黄乃裳、郑祖荫、林斯琛等人还在福建新军中积极开展工作，取得成效。尤其是当武昌首义、湖南响应的消息传来，在新军第10镇官兵中产生极大震动。随着新军协统许崇智、都统孙道仁等先后加入同盟会，起义军力量得到空前加强。11月5日，在台江码头一艘夹板船上，同盟会与新军主要官员召开秘密会议，决定12日举行起义，革命军总司令部设在城内花巷，由许崇智担任起义前敌总指挥。黄乃裳的任务是带领学生炸弹队维持治安、配合新军作战。黄乃裳将炸弹队员分为两部分，一部分警戒银行、邮局、发电厂并协助警卫同盟会总部机关，另一部分是从队员中严格挑选出来的身手矫健者，直接上火线配合新军作战。由于消息泄露，革命党人将起义日期提前到11月8日。8日晚，许崇智率领起义军顺利占领了旗界制高点于山，并架起大炮。是夜，参战的30多名炸弹队员在黄乃裳家中集合，行前，黄乃裳做了慷慨激昂的战前动员，勉励他们奋勇杀敌，为光复福州立功。之后，炸弹队员在队长李藩的带领下，趁着夜色，直奔战斗地点。

11月9日拂晓，战斗打响，炸弹队员个个奋勇争先。经过一天激战，旗兵溃败，树白旗缴械投降。闽浙总督松寿绝望自杀，消息传开，起义军军心大振。革命军消灭了负隅顽抗的旗兵并成功占领总督衙门和将军衙门。值得一提的是，当清福州将军朴寿见势不好，乔装逃匿时，被炸弹队员发现擒获。至此，福州全城光复，满清政权在福州近三百年的统治宣告结束。

1911年11月11日，中华民国军政府闽都督府成立。同盟会推举孙道仁为都督，黄乃裳被举荐任临时军政府交通司长。福州光复消息传开，很快，各府县纷纷响应。对此，黄乃裳异常兴奋，他这样描述彼时的心情："至闽中九府二州五十八县，日来次第函电交驰，欢迎者、庆祝者、归顺者靡所不有。古人云'可传檄而定'，吾之义师并无传檄，而自无不定。人心如此，则天心可知；人事如此，则吾国之前途可知。今而中国人有吐气扬眉之日，有抖擞自强之时，有与欧美并驾齐驱之望。"对革命胜利后的国家充满了美好的期盼。

福建光复的消息很快传到海外。远在南洋的陈嘉庚先生听说福建光复了，赶忙致电好友黄乃裳："闽省是否光复？都督何人？此间已成立保安会，筹款救济，复。"黄乃裳十分高兴，立即复电："全省光复。都督孙道仁。需款急，请速汇。"陈嘉庚马上汇款两万元，过了一个月又汇款，共计二十余万元。黄乃裳还以个人名义通电南洋各埠，募得各地华侨捐款七十万元。这些款项的到来，让新生的革命政权，暂时摆脱财政困境，对稳定福建政局起了很大作用。

光复福州，黄乃裳领导的炸弹队功不可没。在那场恶战中，有3名炸弹队员牺牲，1人负伤。感伤不已的黄乃裳立即对他们的家属进行了慰问和抚恤。为了表彰炸弹队的功绩，福建军政府成立后，都督孙道仁拟授予炸弹队队员勋章、奖状和奖金。但队员们知道新政府财政困难，商议后决定只收勋章、奖状，不受奖金。

人们大为感动，孙都督后来让人把奖金做成金牌，上刻铭文："闽省光复，将士同心。奖金不受，其志可钦。"这件事一时在福州传为佳话。

根据同盟会的布置，福建军政府甫成立就开始组织北伐军。12月16日，北伐军筹饷局在台江上下杭的建宁会馆成立，大家一致推举黄乃裳为筹饷局局长。经过一个月的训练和物资准备，1912年1月17日，福建北伐军全军启程北上。出发时，黄乃裳高举"祈战死"的大旗，走在队伍的最前头。紧跟在他身后的便是在福州光复战斗中冲锋陷阵的炸弹队队员，一身戎装，威风凛凛。他一直陪同北伐军将士到马尾，目送他们登上"万象"商轮，并祝他们早日得胜凯旋。

短暂官员生涯

黄乃裳自兹开始了他一生中短暂而又成绩卓著的官员生涯。黄乃裳作为军政府交通司司长，还兼任筹饷局总办等职，乃至代理政务院副院长，每天都要处理大量公务。特别是交通司下设邮政、电信、航业、路政四个科，波及的工作和业务范围广泛。黄乃裳选贤任能，以专业技术人才和革命党人并重，进入各科室。在任期间，他亲自抓了几件关乎闽省全局的大事，比如向政务院提出，为长久计，宜将筹饷改为募借公债，由财政司负责；派员进驻马江造船厂，将全厂机器设备、厂房、船坞以及员工，全部

《名人与台江》

造册登记，分级管理，改变了工厂的混乱状况，恢复了正常生产。又派员赴厦门调查铁路公司情形与漳厦线工程进展情况。

黄乃裳还对全省的邮电航路的发展制定了一个宏大的长远计划。该计划的重点是修铁路。按照黄乃裳的设想，这条铁路线第一阶段由福州修至琯头，第二阶段再由琯头沿海岸线到达宁德、福安，之后转向古田、顺昌、邵武、建宁，再至长汀、龙岩、漳州，与正在施工的漳厦线相接。他认为，这一条椭圆形铁路线的建成，将有利于福建的港口贸易、矿山开采以及土特产的流通。建成后，福建便可成为"四达不悖之要冲"，其经济也将随之繁荣。为了这一雄心勃勃的计划，他亲自带着技术人员踏勘了从福州东门到连江琯头的地段，进行部分测绘工作。为了筹措资金，他广泛联系侨商，还主动兼起华侨招待员一职。

福州基督教青年会是1905年由美国传教士创办的。1910年，黄乃裳接任青年会会长后，青年会遂有了浓郁的革命色彩。通过辛亥革命的经历，他倍感中国的希望在青年，中国的未来在青年，中国的力量在青年。为了更好地发挥青年会组织、联络、交流的作用，1912年，黄乃裳开始筹建青年会大楼，并选址在闽江边的苍霞洲。这里地理位置优越，交通方便。他率先捐款45000银圆购置地皮。福州商务总会会长张秋舫、罗筱坡等富商也纷纷捐款相助。时任美国总统西奥多·罗斯福闻讯还特地拨款12万美元用于青年会大楼建设。1916年，大楼落成，整座楼房外部由红砖砌成，建筑面积达8156.4平方米，成为福州近代最早也是最大

黄乃裳：进退一身关社稷

的综合大楼和地标建筑。青年会拥有舞厅、游泳池、健身房、图书馆、西餐厅，还有当时福州唯一的室内灯光篮球、排球两用场地。福州市第一部无声电影就在这里放映。杜威、郁达夫等中外名人都在青年会报告厅做过演讲。

黄乃裳已逾花甲之年，每日忙于事务，几乎没有睡过一个安稳觉。他擘画着一张张蓝图，而且是亲力亲为，席不暇暖。他自述："事务綦繁，擘画颇苦，两阅月鬓发忽尔皓然如雪。"

但仅仅一年之后，黄乃裳就被迫在国民政府中辞职。由于革命队伍中鱼龙混杂，福建政坛一片混乱，警察出身的政务院长彭寿松专权，而且手段狠辣，先后派人暗杀了不同政见的蒋筠和黄家成。黄家成是英华书院学生，时任《民心报》主笔。对于蒋筠被害，他在报上对彭寿松进行了无情抨击，且言辞激烈。黄乃裳担心学生引祸，想居中调停，于是亲自陪同黄家成到都督府去见彭寿松。黄乃裳见两人见面时，气氛和谐，自己有事就先走了。不料，黄家成当天离开都督府后在街上即遭暗杀。而黄家成的家属不明就里，反而将黄家成的被害，归咎于黄乃裳，并闹得沸沸扬扬。黄乃裳百口莫辩，痛苦万分。后经警察厅侦破此案，宣告黄乃裳不负过失之责。但众口铄金、积毁销骨，黄乃裳为此已身心俱疲，决意辞去所兼公职，携家眷离开福州，回到故乡闽清。他从青年步入社会开始，就希望能够报国为民，先是从事教育，之后参加变法维新，组织灾民远渡南洋拓荒求生，最后追随中山先生投身革命，辛苦奔波，无怨无悔。可是他万万没想到，革命虽然成功，推翻了满清统治，但民国的天空仍然不见清明，牛鬼蛇神横行不法，正直人士难以生存。无奈之下，只有全身而退。同时，除公职外，他还辞去基督教青年会会长职务，婉谢英华、福音、培元三书院请继任教务长的挽留。归去来兮！黄乃裳长吁一口气，决绝地离开了他夙夜忙碌同时也是不胜劳烦的官场。但黄乃裳是位闲不住的人，回到家乡，很快，又活跃在家乡闽清的教育事业和其他公益事业中。

余生矢志利他

1913年11月，袁世凯任命汪声玲为福建民政长。汪声玲一到福州，就下令逮捕革命党人，黄乃裳因为无辜乡民辩诬也被罗织罪名，蒙冤入狱五个月。黄乃裳被捕的消息传出，海内外舆论一片哗然，不少名人发声为黄乃裳讨公道，其中就有梁启超。在海内外舆论的巨大压力下，袁世凯终于同意将黄乃裳从无期徒刑改为准予保外。1914年7月26日，黄乃裳出狱。当天，到警察厅迎接黄乃裳的各界民众达数百人之众。人们为黄乃裳披上红色彩带，沿途燃放爆竹，表达对他的崇敬和支持。

黄乃裳一生多次蒙冤遭陷，而这次竟然身陷囹圄。出狱后，女婿林文庆写信劝他："以耄耋之年，宜重休养，勿多管闲事。"他慨然回复："矢志尽我余生，抱利他主义，至于入墓之日，不敢偷活苟且。"他这样说，也是这样做的。1914年夏秋之交，闽清大旱，一连数月滴雨未下。尤其是十五都一带近千亩良田，禾苗尽槁。黄乃裳心急如焚，亲往踏勘，并提出修建十五都水渠的倡议。因为工程浩大，他花费很大精力在官府和民间进行协调。这期间，又发生了闽清米船商和永泰同行的斗殴事件。于是，黄乃裳又行色匆匆赶往闽西北调解。其时，闽清的鼠船游弋在闽江中上游，运输大米和生活用品，兼乘客旅。从事水运的米船工多达五六千人。他们把闽西北的大米运来福州，又从福州运去日用品和工业品。后来邻近各县的船帮也加入运输行业，他们之间不时发生摩擦。在了解了事情发生的原委后，黄乃裳提议各船帮以入股的形式成立米船公司，统筹闽江粮运，按所占股份多少分配红利，从而有效制止了同行间的恶性竞争。

平息了船工纠纷，黄乃裳返回闽清，来不及好好休息，就一头栽在十五都的水渠修建工作上。黄乃裳既无公职，又非富商，更无田产，而修建水渠要经过坟墓41处，期间，历经波折。但他意志坚定，百折不挠，建渠计划不但得到乡民赞同，也获得官方支持，水渠被正式命名为"福斗圳"。这个造福家乡的工程尽管断断续续，但一直在进行。施工期间，黄乃裳常常身披蓑衣亲临工地督察。1918年3月，圳头蓄水堤坝完工。5月中旬，全长6公里多的福斗圳全线竣工通水，可灌溉良田1200余亩。至此，倾注了黄乃裳全部心力的水渠终于建成，造福一方百姓。

黄乃裳"进退一身关社稷"，但有时却不为人们所理解，以致在现实面前一而再被碰得头破血流。他的一生，经历过多少不

平，蒙受过多少冤屈！他历经千辛万苦创建"新福州"，想为家乡贫困的同胞谋一生路，却有人说他是"卖猪仔"，而四年辛苦，换来的是一纸讼文；他积极参与革命起义，却被人诬为"有私心"；他想调解黄家成和彭寿松的矛盾，竟致学生被害，难脱干系；他为乡人讨公道，却反因之而入狱。他所做的本是"一团美意，竟为众怨之丛"。回想过往人生，空怀报国之心，经世之才，竟处处受阻，令他心绪难平。就在这一年，福斗圳又被人恶意破坏。他闻讯震惊不已，以致旧病复发。1919年2月，新福斗圳修复竣工。黄乃裳一袭青衫，抱病冒着凛冽寒风来到圳旁，见渠水潺潺，宛若游龙，不禁仰天长啸。

黄乃裳在69岁时曾自撰一联："问已往于世何裨，历数二万五千日以来，成甚事业；愿以后对天无愧，不虚六十有九年之外，再度余生。" 1924年，黄乃裳在闽清家乡病逝。

纵览黄乃裳一生，奋斗不息，历经风波。他是一位理想主义者，更是一位敢于为人先的前驱者。他胸怀宏图，为理想、为真理，为国家、为同胞，可以舍生忘死，鞠躬尽瘁。值得庆幸的是，福州人民没有忘记他，将黄乃裳从事民主活动时在台江居住过的一条路更名为"乃裳路"。

郁达夫：归去来兮

杨际岚

（一）南台·青年会

郁达夫笔下——
具城市之外形，而又富有乡村的景象，福州是个住家的好地

丙子年。2月2日，正月初十。

午后，三北公司靖安轮徐徐驶出吴淞口，一路南行。入夜，风平浪静，月华流照。一位瘦削的中年男子在甲板上缓缓踱步。这位旅客，正是闻名遐迩的郁达夫。一生著、译大量小说、诗歌、散文、杂论。现代文学史上，第一部白话小说集《沉沦》"异端"崛起，正出于他之手。郁达夫与鲁迅、郭沫若、茅盾等一道在"五四"新文学运动中发挥了重要作用。

1936年，新年伊始，郁达夫接获福建省主席陈仪来函，称若有闽游之意，无任欢迎。

对于福州，郁达夫其实并非全然陌生。近10年前，便有过

《名人与台江》

★ 青年会　　　　　　陈奇（摄）

不期而遇的榕城之旅。1926年12月下旬，他离开广州返回上海，途经福州，因大雾，在马尾港停泊三天。郁达夫曾这么记述："翌日上船去马尾看船坞，参谒罗星塔畔之马尾忠烈王庙，求签得第二十七签，签文为：'国泰民安，风调雨顺，山明水秀，海晏河清。'"第三天，因气候原因船仍延滞，郁达夫换乘小火轮到市区台江观光。中午在南台酒家食蚝，并畅饮福州特产黄酒，感觉"痛快之至"。此次北上途中与福州的邂逅，虽然短暂，但印象颇深。以至9年后在《住所的话》中，评断住地的选择，他以"具城市之外形，而又富有乡村的景象之田园都市"为标准，将福州与那时的北平以及未建都前的南京相提并论，均视为"住家的好地"。郁达夫与福州，先前有了3日之缘，此番则有了南下3年之缘。前为而立之年，一年后有"四一二"事变；现乃不惑之年，一年后有"七七"事变。人生两道重大节点，均与福州相系。

郁达夫从杭州动身前往福州。启程时，本意仅出于"南下泉漳，北上武夷，去一探闽中的风景"，"多看一点山水，多做一点文章"，一偿积欠的稿约。然而，没承想，就此再续前缘，开启了非同寻常的福州之旅。临末，竟成了他在故国生涯的最终的驿站。

2天之后抵达。郁达夫发觉，和当年相比，情形已大为不同了。

当年，只能从马尾坐小火轮到城区。现在，沿江筑起汽车大道。途经鼓山西麓，正当协和学院（福建师大前身）直下的里把路上，一群群穿扮摩登的少男少女，在那里唱歌、散步，手挽着手的享乐浓春。

到了南台，变化更大了：从前的那些坍败的木头房屋，变成了钢筋水泥的楼宇。万寿桥拆去了环洞，改成了平面，一桥连通两岸。

郁达夫不由感叹，10年的光阴，在这里留下了印记，"只觉得福州是打了一针返老还童的强壮针"。他的心情，如同当日气候，晴且暖。

远方的旅人在南台青年会面对闽江的四层高楼上住下了。

夜深了，小睡后醒转，窗外，"溪声如瀑，月色如银"，"上灯节前夜的月亮，也渐渐躲入了云层，长桥上汽车声响，野狗还在狂吠。"来了几班踩高跷、耍龙灯的队伍，欢腾地从大桥上经过。

第二天，郁达夫即买了些关于福州及福建的地图册籍，按图索骥，周边地形更清晰了。眼前是万寿桥，闽江自此折而向东向南，以入于海。过此桥而南，为仓前山，系有产者及外人住宅区域，英领署在乐群楼山，美、日、法领署在大湖，全聚在这一块。

第三天一早，郁达夫来到省府路1号，见了陈仪，"畅谈移时，言下并欲以经济设计事相托，谓将委为省府参议，月薪三百元。"

客随主便,郁达夫随即决定留闽任职,暂不回杭。后来,他又兼任了福建省政府的公报室主任。

参议,似为闲差。然而,郁达夫可不是闲人。

这样的文化名人来到福州,自然引起社会各方高度关注,来访者络绎不绝。如2月6日记所载:"今天因为本埠《福建民报》上,有了我到闽的记载;半日之中,不识之客,共来了三十九人之多。自午后三点钟起,接见来客,到夜半十二时止,连洗脸选澡的工夫都没有。"又如2月11日记述:"昨晚睡后,尚有人来,谈至十二点方去;几日来睡眠不足,会客多至百人以上,头脑昏倦,身体也觉得支持不住。"

对于闽地社会、经济、民生、市政,郁达夫不作壁上观。仅在一两个月里,他便数次善尽言责。在《闽游日记》里均有具体记载。

2月8日:"中午在西湖吃饭。福州西湖,规模虽小,但疏散之致,亦楚楚可怜,缺点在西北面各小山上的没有森林,改日当向建设厅去说说。"(湖畔亟需植树)

2月20日:"晨七时起床,急赶至邮政总局寄航空信;天色如此,今天想一定不能送出,沪粤线飞机,多半是不能开。福州交通不便,因此政治,文化,以及社会情形,都与中原隔膜,陆路去延平公路不开,福州恐无进步的希望。"(北上公路亟待开通)

3月13日:"晚上又作霞信,连晚以快信发出,因明日有上海船开,迟则恐来不及。此地发信,等于逃难,迟一刻就有生命

关系，胡厅长若来，当催将自福州至延平之公路筑成，以利交通，以开风气。"（催促筑路改善交通）

3月31日："晨起，至省府探听最近本省政情；财政不裕，百废不能举，福建省建设之最大难关在此。理财诸负责人，又不知培养税源，清理税制，都趋于一时乱增税收；人民负担极重，而政府收入反不能应付所出。长此下去，恐非至于破产不可，内政就危险万状，国难犹在其次。"（疏通税源增收节支）

一年后，郁达夫因杭州住所乔迁，告假探亲。返闽后，他留下一路奔波的切身感受："匆匆五日行程，往返走尽了三千余里，较之柳往雪来之古代，交通总算已大进步。然而易车以舟，由舟登陆，闽浙之间，尤觉来往不便之至。将来火车若通，时间纵不能缩短，而上落之劳顿可省，两省间商贾往来，当更频繁。"（《回程日记》，1937年5月4日）情萦闽地发展，殷殷可鉴。

旅闽经年，郁达夫逐步不期然地转换身份，由寻常的"流动人口"，渐渐成了"常住人口"。身为自家人，怎能不关切自家事？！这些翔实、细致的记录，既显现文人才子对于"有福之州"的热切期盼，也折射了此间社会变迁的真实样貌。

一代名家郁达夫如此倾心于在地书写，既非图"名"，亦非谋"利"，纯粹出于认同与喜好。如按当下说法，无愧为闽都文化的忠实代言人，无比热忱、无比率真的代言人。

他为福州留下了多篇优秀作品——

《记闽中的风雅》

《饮食男女在福州》

《福州的西湖》

《闽游滴沥之一》

《闽游滴沥之二》

《闽游滴沥之三》

《闽游滴沥之四》

《闽游滴沥之五》

《闽游滴沥之六》

旅闽期间,他还书写了数种日记:

《闽游日记》(1936年2月2日—3月31日);

《浓春日记》(1936年4月1日—20日);

《回程日记》(1937年4月30日—5月4日)。

而在《住所的话》《里西湖的一角落》等作品里,郁达夫对福州也不吝赞美之辞。

20世纪30年代中国现代旅游业开始兴起,旅游杂志也应运而生。文人雅士的文学书写由此进一步与旅游业紧密关联。其中,郁达夫的游记书写"最具有典型性,山水纪游不仅构成了他更自觉的写作形式,而且一度有了资本和政府的介入"。1933年全长333公里的杭江铁路即将通车,杭江铁路局邀请郁达夫沿线遍游,写出游记由该局出版,算为"杭江铁路导游丛书"的一种。郁不无自嘲地说,自己"虽在旅行,实际上却是在替铁路办公,是一个行旅的灵魂叫卖者的身份"。因此,游记写作成为地方政府有意识策划的结果，也是文人与资本的结合催生的产物。

与上述截然不同，郁达夫的闽游系列，并无地方政府与社会资本的有意介入，可以说是，全然发自内心，诉诸情感，作品中"景语""情语""心语"交融。究其初衷，在于"多看一点风景，多做一点文章"，偿还稿债。这些，对于书写者，自是循情顺理之事。郁诸文，无不出于有景可叙，有情可抒，有感可发。一位朋友告诉郁达夫，福建留给他的印象，依序排列，第一山水，第二少女，第三饮食，第四气候。郁达夫闽游系列给予读者的印象，何尝不是如此？

福建山清水秀，北峙仙霞，西耸武夷，山间草木，青翠欲滴。闽江曲折而达福州，奔流入海。闽江两岸无山不秀，无水不奇。水色的清，水流的急，江湾的宽，一切都可以做一种江水的秀逸的代表，"扬子江没有她的绿，富春江不及她的曲，珠江比不上她的静"，进而则"譬作中国的莱茵"（《闽游滴沥之二》）。读到这里，不禁为他的动情的描述而深深感染。

郁达夫闽游系列，较多笔墨倾注于福州山山水水。

他异常生动地形容，"闽都地势，三面环山，中流一水，形状绝像是一把后有靠背左右有扶手的太师椅子。"两条扶手的脊岭，西面一条，是旗山，东面一条，一支直驱省城，落北而为屏山，一支分而东下，就是鼓山，自北而东而南，绵亘数十里，襟闽江而带东海。（《闽游滴沥之二》）

这位文学奇才更有一种奇妙的想象，"福州城全体的形状，

像一只龙虾的赴壑；两只大箝，是东面的于山，西面的乌山，上跷的尾巴，恰正是上面有一座镇海楼在的屏山（即越王山）；一道虾须，直拖出去，是到南台为止的那一条大道；虾须尽处，就是闽江的江面，众水汇聚而入海的地方了。"（《闽游滴沥之五》）

如今，假如利用航拍技术，俯瞰闽都全景，呈现的将是何种形状呢？"太师椅"？"大龙虾"？无论如何，郁达夫特有的浪漫气质，奇异的想象力，尤其是对于福州由衷的喜爱，不能不令人叹服。

又如《饮食男女在福州》，顾名思义，郁达夫从饮食与男女两个切面，细致、形象地描述了福州的风土人情：

天然物产富足。山珍海味丰饶。"听说沿海的居民，不必忧虑饥饿，大海潮回，只消上海滨去走走，就可以拾一篮海货来充作食品。"地气温暖，土质腴厚，诸种蔬菜随处都可以培植，随时都可以采撷。作料采从本地，烹制学自外方，五味调和，百珍并列，闽菜之名喧传于饕餮家之口。

"吃货"郁达夫写到此处，特别提及福州海味三珍品，蚌肉，蛎房，蟳蟹。他风趣地自曝"此生的豪举"：来到福州时，正及蚌肉上市，又红烧又白煮，吃尽了几百个蚌。假如还原一副"饮食达人"的这种吃相，怎能不忍俊不禁？！在他笔下，福州特产肉燕也被描述得饶有情趣。从大街小巷走过，看见好些店家，壮汉手执木锥对着店里大砧头上大块猪肉使劲地敲打，后来一打听，这是将猪肉打得粉烂，和入面粉，制皮制馅料。眼下从南后街走过，同样能目睹郁达夫曾遇见的生动场景。

福州女人到了郁达夫笔下，更是一个个活起来了。但见她们线条刻画分明，宛如希腊古代的雕塑人形。天晴气爽，或岁时伏腊，在迎神赛会的关头，南大街、仓前山，成了美妇人披露的画廊。"眼睛个个是灵敏深黑的，鼻梁个个是细长高突的，皮肤个个是柔嫩雪白的"，加之最摩登的衣饰，与来自巴黎纽约的化妆品的香雾与红霞，"你说这幅福州晴天午后的全景，美丽不美丽？迷人不迷人？"浪漫诗人逸兴遄飞，异常浪漫地歌之咏之。

郁达夫不仅倾情赞颂福州女子的姣美、健康，而且着力描绘了闽地遗制"三把刀"现象。东门外北门外的许多工女农妇，头上仍戴着三把银刀似的簪为发饰。他写道，这源于早年外来征服者入闽，父亲丈夫儿子被杀，女人誓死不肯从敌，故而时时带着三把刀在身边，预备复仇。他甚至还引例，台湾的福建籍妓女不肯与日本的嫖客同宿，耻不与伍。言及于此，油然生发感慨："试看汉奸到处卖国，而妓女乃不肯辱身，其间相去，又岂只泾渭的不同？"无独有偶，冰心也曾记述过"三把刀"，称其小时候看到家乡女子皮肤白皙，头发乌黑浓密，发髻上从上、左、右三个方向插着亮铮铮的银簪子，她发自内心地喟叹，这真是天下之最的健美农妇，集俊俏、勇敢、勤劳、英武于一身。

在闽期间，自1936年2月至1937年2月，郁达夫兼任《论语》主编，期间，连续刊发十多篇《高楼小说》。这些文章，并非寻常意义的"小说"。由于他那时在福州，寓居南台万寿桥附近青

年会高楼的四层顶屋,便把在那里所写的小品杂感,统称为《高楼小说》,主要内容为借古讽今,纵议时政。纵观郁达夫笔耕生涯,堪称多幅手笔,多处开花。他沉浸于闽地的风土民俗、历史人文之中,激发起热情和创作力。著名诗人徐志摩称郁达夫乃"绝对率真的人",他的写作是"不留余地的倾倒他自己的灵魂"。本真,同样成为郁达夫闽行系列作品的底色。因其充溢真情实感,具有独特的艺术感染力,至今读来,仍可与之同频共鸣。

郁达夫《记闽中的风雅》,盛赞福建文事之兴旺,文韵之浓郁。他称道,"福建的文化,萌芽于唐,极盛于宋,以后的五六百年,就一直的传下来,没有断过","理学中的闽派,历元明清三代而不衰"。他甚至说,"前清一代,闽中科甲之盛,敌得过江苏,远超出浙江。所以到了民国廿五的现代,一般咬文嚼字,之乎者也的风气,也比任何地方还更盛行"。郁达夫来闽后,对于福州风雅的流风余韵印象尤为深刻。晚上无事,他上长街去走走,会看见一批穿短衣衫裤的人,围住四方灯,仰起头在那里猜灯谜。在报上,在纸店柜上,常见有征诗广告。开卷之日,人们围拢来听,以福州音调唱,榜上仍有状元、榜眼、探花等名目。目睹此情此景,郁达夫击节赞叹,称其"风雅绝伦"。

"文事",自然离不开"书事"。郁达夫一大嗜好是购书。在南台青年会住下后,第二天他就上街买了些关于福州及福建的地图册籍。据《闽游日记》所载,2月6日至3月28日,一个多月,购书单里详列书名的多达34种。实际上当然远不止于此。2

月9日郁写道："明日当在家候陈君送钱来；因带来的路费，买书买尽了，不借这一笔款，恐将维持不到家里汇钱来的日子。"4月1日又写道："到福建之后，将近两月……总算多买了二百元钱的旧书，和新负了许多债的两件事情，是值得一提的。"4月3日则写道："晨六时起床，即去省立图书馆看了半天书。经济不充裕，想买的书不能买，所感到的痛苦，比肉体上的饥寒，还要难受。"郁夫子淘书的痴劲，囊中羞涩的窘态，毕现无遗。

由此"书事"，反观闽地"文事"，也能印证闽都自古而今文风鼎盛，绵延不绝。

文学名家的到来，带动了福州文化活动。且说2月15日这一天郁达夫参与的活动吧。他留宿鼓山，晨起返城，"到寓后，来访者络绎不绝，大约有三十余人之多；饭后欲小睡，亦不可能。至三时，去影戏场讲演《中国新文学的展望》；来听的男女，约有千余人，挤得讲堂上水泄不通。讲完一小时，下台后，来求写字签名者，又有廿四五人，应付至晚上始毕。晚饭后，又有电报局的江苏糜文开先生来谈，坐至十一点前始去。""今天一天，忙得应接不暇，十二点上床，疲累得像一堆棉花，动弹不得了。"各式访客慕名而来，一批又一批。各种讲座接连不断，一场又一场。窥斑见豹，足证福州民众对于文学、文化、文明，何等渴求和热衷。

穿过烟云，反顾20世纪二三十年代，现代文学巨匠鲁迅，叶圣陶，巴金……在闽山闽水间，留下清晰的足迹。其间，也闪烁着郁达夫的身影。对于这位文坛大家而言，不长的时日，客居一方，竟倾情于斯，书写了诸多散文名篇，是相当罕有的。

回望郁达夫旅榕岁月，他的著述，他的讲演，他的倾情参与，他的巨大影响力，形成此地文坛的一道独特的风景线。他的闽地书写，已融入千年福建文学史，烛照南国夜空，熠熠生辉。

（二）于山·戚公祠

郁达夫眼中——

于山山上，最值得登临怀念的，是戚公祠

在郁达夫心目中，福州乃"住家的好地"。屏山雄镇北城，大有南面垂拱的气象，历代衙署，咸集于此。"于山的好处，是在它的接近城市，遥挹闽江，而鼓山岚翠，又近逼在目前。"乌石山则"高大灵秀，可以扩充视野"。

郁达夫对两塔也颇为欣赏。两塔对称：一在于山西麓，城的东南隅，一在乌石山东首，城的西南角；一白

★ 于山·戚公祠　　　　陈奇（摄）

郁达夫：归去来兮

一黑，一木一石。于山一塔，定光多宝塔，木造，外面砖壁上涂以白粉，为天祐元年琅琊王审知所造；乌山一塔，无垢净光塔，石造，颜色苍黑，为唐观察使柳冕所造。

正是在这于山上，白塔畔，坐落着戚公祠。

郁达夫曾为此赋词《满江红》。

满江红

神州于山戚武毅公祠新修落成，于社同人
广征纪念文字，为填一阕，用岳武穆公原韵

三百年来，我华夏威风久歇。
有几个，如公成就，丰功伟烈。
拔剑光寒倭寇胆，拨云手指天心月。
到于今，遗饼纪征东，民怀切。

会稽耻，终须雪。
楚三户，教秦灭。
愿英灵，永保金瓯无缺。
台畔班师酣醉石，亭边思子悲啼血。
向长空，洒泪酹千杯，蓬莱阙。

词作讴歌戚继光抗倭功业，抒发抵御外侮的意志，壮怀激烈，脍炙人口。1978年补镌于祠旁石壁。

时光回溯。那时客寓福州的郁达夫奋然投身抗日救亡热潮。他登于山诣戚公祠，凭吊抒怀。

此前，郁达夫甫抵榕城。据《闽游日记》记载，某日，他在福州街头见到一种样子特别的饼，中间凿了一个孔。问了商家才知叫"光饼"。当年戚继光率兵入闽追歼倭寇，发明这种饼，当作干粮，可穿绳子，挂在脖子上，方便行军打仗。福州民众特以"光"字纪念这位民族英雄。郁达夫数次拜谒戚继光祠。初临于山，感时忧国，即挥毫书写七绝《于山戚公祠题壁》："举世尽闻不抵抗，输他少保姓名扬。四百年来陵谷变，而今麦饼尚称'光'。"借古讽今，痛斥"不抵抗政策"。

郁达夫倾心景仰一代名将戚继光。他在纪游名篇《闽游滴沥》中，由衷推崇："于山山上，最值得登临怀念的，是山西面的一座戚公祠，祠里头的一所平远台。""我故而常对人说，快活的时候，可以去上上于山，拜拜戚将军的遗像，因为在于山上所感到的气氛，是积极的，入世的，并没有哪一种遗世独立的悲观色彩。"

闽地史上颇多良臣勇将、贤达俊杰，郁达夫素所钦仰。抵榕后第3天，郁"到差"。自省府出来，即往南后街看了几家旧书铺，购书"恶补"闽都文化。日记里有这样一段文字："走过宫巷，见毗连的大宅，都是钟鸣鼎食之家，像林文忠公的林氏，郑氏，刘氏，沈葆桢家的沈氏，都住在这里，两旁进士之匾额，多如市上招牌，大约也是风水好的缘故。"所说几家，均属于林则徐家族，三子林聪彝，二女婿、"船政之父"沈葆桢（亦为其外甥），大女婿刘齐衔（曾官至河南巡抚），小女婿郑葆中。言语中，流淌孺慕之情。民族英雄林则徐以身许国，其"丰功伟烈"，彪炳史册。郁达夫在南台青年会住过一些时日，后至三坊七巷早题巷短暂逗留。早题巷蕴藏着一段悲壮往事。黄花岗起义失败后，林觉民壮烈捐躯，妻子陈意映获悉紧急搬到早题巷避难。二十多年后，郁达夫也来到旧地，已物是人非。次年，郁又与王映霞在光禄坊30号刘宅赁屋居住，而刘家大院早先的主人正是同榜双进士刘齐衢、刘齐衔。浸濡于先贤遗泽，郁达夫抚今追昔，胸臆间，尽是春秋浩叹，"愿英灵，永保金瓯无缺"。

追慕英杰，"积极"，"入世"，从郁达夫与王映霞所生儿女命名，也不难得知。长子出生时，正值农历十月小阳春，便用"阳春"为乳名，"借用南宋忠勇名将岳飞的名字，取名郁飞。"次子生，时为三月暮春，故用"殿春"作乳名，"又借用岳家军中名将岳云的名字，取名郁云。"郁达夫诠释："长子飞，次子云，是从岳家军里抄来的名字；同时三国志里也有飞、云的两位健将。"从取名中，显见对历代"忠勇名将"的敬慕，并以其功业期许。其后，三子生，而"有了猛将，自然少不得谋臣"，出于无比敬重鞠躬尽瘁的诸葛亮，择其名为"亮"，乳名"耀春"，"既名曰亮，自然有光，故而称耀"。而后，四子生，为了纪念郁达夫在福建工作，则以"建春"为乳名，并取战国学者荀子的姓，而名"荀"。足见郁达夫以社稷为重,崇尚文治武功,冀望为泱泱华夏建功立业,青史垂名。

旅榕期间,有一回,郁达夫与当地报界同人餐叙,痛饮一场之后,受命题诗,须臾便呈上二首:

大醉三千日,微吟又十年,
只愁亡国后,营墓更无田。

闽中风雅赖扶持,气节应为弱者师,
万一国亡家破后,对花洒泪岂成诗!

郁达夫坦言,在他心里,"诚诚恳恳地在希望他们能以风雅来维持气节,使郑所南,黄漳浦的一脉正气,得重放一次最后的光芒。"郑所南,福州连江人,宋末爱国志士,"宁可枝头抱香死,何曾吹落北风中",自称"孤臣"。黄漳浦,即黄道周,漳州漳浦人,明末民族英雄。郁殷殷期待闽人秉持一脉正气,得以重放光芒。

返顾寓闽岁月,郁达夫始终身体力行,"以风雅来维持气节"。他撰文《对福建文艺界的希望》,指出,"福建地处海滨,就自然位置而言,所居地位,就在国防第一线上。唯其是如此,所以感受帝国主义的压迫,福建比别省为强,而世界的潮流浸染,所得的反响,也当然要比别省来得更切实与紧张"。他希望闽地文

郁达夫：归去来兮

艺青年"研究社会，扩大视界，把握住政治动向，而抱定一坚强的意识"，勉励他们"驱除惰性，勇猛前进，自强不息"。时值"不抵抗政策"纵容，日本军国主义步步进逼。国人群情激愤，强烈要求奋起抗战。有鉴于此，当局被迫调整对文化人的高压政策，通过福建省主席陈仪，请托郁达夫赴日转达让郭沫若回国的意见。郁达夫为了促成全民团结抗日，衔命前往。郭沫若于1928年2月因遭当局通缉而长期流亡日本。郁达夫抵日后，受到日本文化界人士欢迎。他出席欢迎会，应邀讲演，为报刊撰稿，向日本民众介绍中国各阶层渴望和平的心愿，直陈日本侵华决策的错误，呼吁改善中日关系，维护东亚和平。郁达夫回国途中，经马关，联想起丧权辱国的《马关条约》，奋笔写就："却望云仙似蒋山，澄波如梦有明湾。逢人怕问前程驿，一水东航是马关。"遥忆国耻，但见一腔愤懑。1937年5月，郁达夫接南京当局来电，让他催促郭沫若尽快回国。郁当即驰函郭沫若，"强邻压迫不已，国命危在旦夕，大团结以御外患，当系目下之天经地义"，并期盼"再同事为国家谋一线生计"。郭沫若终于束装回国，郁达夫闻讯专程从福州赶至上海迎接。

"卢沟桥事变"爆发，全民抗战怒潮席卷神州大地。郁达夫发起成立福州文化界救亡协会，当选为理事长。进步作家杨骚、许钦文、楼适夷也获邀来榕工作，成为福州文化界抗日救亡活动骨干。协会创办了《文救周刊》。出版三期后，为加强团结抗日，附刊于《小民报》的几个文艺周刊与《文救周刊》合并为《救亡文艺》（日刊），均由郁达夫、杨骚主编。发刊词开宗明义："目前的文艺，应该是为救亡而文艺，为抗战而文艺，为国防而文艺。"郁达夫和"文救会"同人白天上班，晚上常开会到深夜。郁三次前往福州电台作播音演讲。他曾用日语播出《告日本国民》，呼吁日本民众和中国民众一起制止日本侵略暴行。郁为《文救周刊》和《救亡文艺》撰写了一系列抗战政论，揭露日本侵略罪行，号召民众"加紧团结，加强抵抗"，"准备下抗战到底之决心"。郁于47天内，即发表作品20篇。在舆论上发挥了"号吹在前"的作用。

1936年6月，郁达夫又获任省政府秘书处公报室主任，并接办《闽政月刊》与《公余》。《闽政月刊》阐述省政实施情况，辟专栏介绍福建风光，曾刊载郁达夫《福州的西湖》。《公余》介绍国内外时事形势，并刊登一些文艺作品。全民抗战爆发后，为适应时势需要，郁达夫将两刊合并为《闽政与公余》（旬刊）。他以记者身份撰写散文《全民抗战的线后》，描述自沪返闽所见所闻，反映抗战业绩，抨击侵略者罪行，在该刊分三期连载。他还写了《战时教育》，阐释战时教育的意义、方案和实施措施，分两期连载。

1937年12月，日军攻陷杭州、富阳，郁达夫的老母不堪侵略者暴虐，藏匿于老家住屋与鹤山的夹弄中，饥寒交迫，除夕不幸亡故。郁获悉，悲恸欲绝，在福州寓所刘宅景屏轩设灵堂遥祭，手书一联，"无母何依／此仇必报"，悬挂于其母遗像旁。家仇国恨,义愤填膺。也是在光禄坊住地,郁达夫会见了一些慕名而来的市民,勉励他们踊跃投身抗日救亡运动。

1938年3月,郁达夫应郭沫若之邀,自福州赴武汉,参加抗日宣传工作。时值台儿庄会战告捷,郁达夫和其他文化界人士一道,奔赴前线劳军,并不顾个人安危,冒着日军炮火,巡察山东、江苏、河南、浙江、安徽等战地防务。他写下许多激励人心的战地报告和宣导抗日的评论文章。1938年9月,郁达夫接获陈仪电报,让他重回福州共商抗日大计。郁当即一人取道长沙、南昌而至江山,并经浦城、建阳辗转回到福州。

"以风雅来维持气节",也体现在这一阶段福建文化界的纪念鲁迅先生活动。郁达夫与鲁迅先生可谓至交。"鲁迅作故的时候,我正漂流在福建。"那天晚上,郁达夫在南台一家饭馆吃晚饭。同席日本记者报告了噩耗。郁极为震惊,不待终席,就匆匆往报馆查证。确认后,郁迅即发去唁电:"上海申报转许景宋女士:骤闻鲁迅噩耗,未敢置信,万请节哀,余事面谈。"第二天一早,便返沪奔丧。他于轮船上写下《对于鲁迅死的感想》:"鲁迅虽死,精神当与我中华民族永在。"10月22日到达上海,立即赶往参加追悼活动。郁达夫将鲁迅丧事称为"中国文学史上空前的一座纪念碑",并视葬仪为"民众对日人的一种示威运动"。

郁达夫饱蘸哀痛写下了《怀鲁迅》:"没有伟大的人物出现的民族,是世界上最可怜的生物之群;有了伟大的人物,而不知拥护、爱戴、崇仰的国家,是没有希望的奴隶之邦。因鲁迅的一死,使人自觉出了民族的尚可以有为，也因鲁迅之一死，使人家看出了中国还是奴隶性很浓厚的半绝望的国家。""鲁迅的灵柩，在夜阴里被埋入浅土中去了；西天角却出现了一片微红的新月。"

葬礼后返回福州，郁达夫倾力筹划纪念活动，募集纪念基金，撰写纪念文章，为纪念鲁迅，团结民众，做了大量工作。他还为日本改造社出版《大鲁迅全集》撰文《鲁迅的伟大》，写道："当我们见到局部时，他见到的却是全面；当我们热衷去掌握现实时，他已把握了古今和未来。"

两年之后，在国内，《鲁迅全集》出版了，郁达夫痛感全国民众"正在一个绝大的危难底下抖擞"，便奋笔撰写了《回忆鲁迅》长文。文中提及，郁达夫寓闽，与鲁迅见面的机会少了。在鲁迅逝世前两个月，郁回上海，鲁迅告诉了自身病状，医生说他的肺不对，他想于秋季到日本疗养，问郁能不能同去，郁应承了，还谈到同去岚山看红叶的事。"可是从此一别，就再没有和他作长谈的幸运了。"痛惜之情溢于言表。

郁达夫始终对鲁迅充满深厚情谊。他极为推崇鲁迅的家国情怀和抗争精神，激励人们奋起抵御日本侵略者。1937年10月19日，郁达夫在福州写了《鲁迅先生逝世一周年》，指出："纪念先生最好的方法，莫过于赓续先生的遗志，拼命地去和帝国主义侵略者及黑暗势力奋斗。"他的热情似火的文字，在爱国青年中激起热烈反响。

郁达夫：归去来兮

（三）鼓岭·鹤归亭

郁达夫心里——

千秋万代，魂若有灵，总必化鹤重来，祝福鼓岭山里的居民……

郁达夫抵达福州之后，就听说鼓岭的避暑之佳。当年清明，与友人相约攀登"鼓山后的一支鼓岭"。对于走南闯北、见多识广的这位文坛达人，就直观而言，鼓岭同一般山中避暑地情形相比，似乎并无多大不同，"只会得到一种避暑地中间的小家碧玉的感想；可是这小家碧玉的无暴发户气，却正是鼓岭唯一迷人之处。"其中一个实实在在的好处，这里租金便宜，不同于别的避暑地点。鼓岭虽然不大，却让郁达夫感到意外，"现在竟发达到了有三四百号洋楼小筑的特殊区域了"。

尤其让郁达夫念念不忘，这次鼓岭之行"一个附带的节目"，"是我们这一群外来的异乡异客，杂入鼓岭居民中去，去过了一个很愉快很满足的清明佳节"。

——但见光天化日之下，岭上旷地，摆上十几桌鱼肉海味。这批外客受邀尝了当地用红糟酿的清明酒，郁达夫感叹："真是世上无双的鲜甘美酒，有香槟之味而无绍酒之烈。"

——酒宴完后，敬神社戏开场。男女老幼坐在临时盖搭的戏台前。"有几位吃得醉饱的老者,却于笑乐之余,感到了疲倦,歪倒了头,在阳光里竟一时呼呼瞌睡了过去,这又是一幅如何可爱的太平村景哩!"

积翠庵前,耸立一排大树,树下为白石清泉,前临大江,后靠峻岭,四平八稳,"觉得这里是一篇堂而皇之的唐宋八大家的文章",白云洞一路奇岩奇石,"却是鬼气阴森的李长吉的歌曲"。

积翠庵下,是布头村,"千年的榕树,斜覆在断桥流水的高头,牛眠犬吠,晚烟缭绕着云霞","耕倦了的农民,都在油灯下吃晚饭了"。

"一九三六年的清明节日,就这样的过去了。人虽则感到了极端的疲倦,但是回味津津,明年此日,还想再去同样地疲倦它一次,不晓得天时人事,可能容许?"郁达夫一叹。

"文字若有灵,则二三十年后,自鼓岭至鼓山的一簇乱峰叠嶂,或者将因这一篇小记而被开发作华南的避暑中心区域,也说不定。"郁达夫再叹。

一行人从鼓岭南下,到了谷底,回头遥望,不由涌起惜别的情愫。"千秋万岁,魂若有灵,我总必再择一个清明的节日,化鹤重来一次,来祝福祝福这些鼓岭山里的居民;因为今天在鼓岭过去的半天,实在太有意思,太值得人留恋了。"郁达夫长叹……

来年重返鼓岭,同样地再疲倦一次——郁达夫的愿望并未实现。

若干年过去,鼓岭逐步变成享誉八方的避暑胜地——郁达夫的愿望正在实现。

如今，鼓岭上耸立着"鹤归岭"，镌刻着那段遗言，魂兮归来——郁达夫的愿望已经实现。

2006年11月21日，于山戚公祠蓬莱阁内，举办纪念郁达夫诞辰110周年暨永久开办郁达夫史迹展揭幕仪式。会上动议于鼓岭为郁建纪念亭。参会者中，尚有几位曾与郁达夫往年有过交集。一位是程力夫，1936年开始文学创作。郁达夫寓居福州期间，曾在青年会住过较长时间。诚如"青年会"之名，郁达夫与榕城青年学子、青年作者、青年市民，互动频繁。演讲，访谈，题字，荐稿……倾注了大量心血。他曾在光禄坊寓所为文学青年程力夫题词："我们这一代，应该为抗战而牺牲。"后来，程力夫成为语文教学专家，曾任民进福建省主委。另一位是赵家欣，早年曾担任《星光日报》记者。赵日后回忆，1936年末郁达夫从台湾返榕，抵达厦门，他陪郁浏览当地名胜古迹，并探望闭门日光岩的弘一法师。郁达夫向赵书赠旧作《青岛杂事诗》一首："万斛涛头一岛清，正因死士义田横。／而今刘豫称齐帝，唱破家山饰太平。"赵家欣认为，郁达夫是"在重压下的神隐之中寄寓着反抗"。这年冬厦门警察局长企图逮捕鲁迅追悼会的发起人，郁获悉后据理力争，才使这些青年免于一场灾难。郁并于元旦《星光日报》刊文《可忧虑的一九三七年》，"其亡其亡，系于苞桑，日居月处，应思危卯。民族的中兴，国家的再造，就要看我们在这一年内的努力的如何！"赵极为珍惜郁达夫的"师友之情"，写了多篇回忆文章。

在鼓岭建亭纪念的动议得到与会者的热烈响应。福州市作协主席黄安榕和于山管委会主任郭斌提议取名"鹤归亭"。黄安榕父亲系左联著名作家蒲风。抗战前夕，郁达夫、蒲风、杨骚、董秋芳、楼适夷等齐聚榕城，投身抗日救亡宣传活动。黄安榕女承父业，和夫婿陈松溪，热情推介郁达夫业绩，为弘扬民族优秀文化尽心竭力。到场尚有一位建亭倡议人郭健飞，其经历同样不寻常。当年郭曾为郁达夫理发。那次，郭回鼓岭喝酒，偶然遇到郁达夫一行，便介绍给族里长辈，于是热情地邀请他们参加。此行给郁达夫留下了深刻印象。于山纪念会2年后，郭健飞辞世，其子嗣遵嘱代建"鹤归亭"，2009年落成。亭后立有一块5吨重巨石，上刻郁达夫头像及生卒年份，下为郁"化鹤重来"名言。郁达夫外长孙邹诚先生寄来"鹤归亭"题字，刻于亭上。

"化鹤"一说，郁达夫并非心血来潮，随口漫言。1931年11月，徐志摩因飞机失事罹难。郁达夫无比痛切，当即撰文《志摩在回忆里》，附记里录下挽联："三卷新诗，廿年旧友，与君同是天涯，只为佳人难再得。一声河满，九点齐烟，化鹤重归华表，应愁高处不胜寒。"郁达夫与徐志摩年龄相仿，同为浙江人氏，均名扬海内外，尤其同处"九一八"事变后国运危局，心怀黎民百姓、民族社稷，早已置生死安危于度外，"化鹤重归"一词道尽心曲。5年之后，郁达夫畅游鼓岭又言"化鹤重来"，可谓久存尽忠报国之志，"我以我血荐轩辕"。

郁达夫：归去来兮

归去来兮。壮士视死如归，义薄云天。

长女郁黎民悼念父亲，说他"每年岁首，例作遗言，随时准备迎接意外不幸而为国捐躯"，"最后，终于把自己的生命奉献给了祖国"。

1937年全面抗战爆发后，郁达夫积极投身抗日宣传工作。1938年末，郁应《星洲日报》社长胡昌耀之邀，赴新加坡担任该报主笔。他在船上写下《岁朝新语》，坚信"中国决不会亡，抗战到底，一定胜利"。抵新第二天，郁连生活都没安顿好就写下《估敌》，声明"最后胜利，当然是我们的，必成必胜的信念，我们决不会动摇"。他担任《星洲日报》主笔期间，同时还编四五种刊物，发表了400多篇政论、杂文、文艺杂论等，不遗余力地宣传抗日。1941年，太平洋战争爆发后，郁达夫担任"星华文化界战时工作团"团长，组织"星洲华侨义勇军"抗击侵略者。

郁达夫与刘海粟是好友。那时，他们都身处新加坡。有天晚上，两人躺在期颐园草地上。碧天如水，寒月如霜。言及时局，郁达夫骤然跃起，沉郁地说："海粟！万一敌军侵入新加坡，我们要宁死不屈，不能丧失黄帝子孙的气节，做不成文天祥、陆秀夫，也要做伯夷叔齐。"良久，泪花涌出眼眶。刘海粟画了一张《松竹梅石图》，郁达夫赋词：

松竹梅花各耐寒，心坚如石此盟磐。
首阳薇蕨钟山蓼，不信人间一饱难。

1942年初，日军进犯，新加坡沦陷。郁达夫、胡愈之、王任叔、杨骚、高云览等撤往印尼苏门答腊，辗转来到巴爷公务市。郁隐藏身份继续抗日活动。改名为赵廉，蓄须乔装，原籍浙江也改为福建。一群人开设赵豫记酒厂掩护，并维持生计。后来又开办了肥皂厂、造纸厂，获取经济收入以继续地下活动。他们秘密建立抗日组织同仁社，从事情报搜集，开展抗日宣传。后来，在当地一位侨长家，郁被日本宪兵发现精通日语，被迫当了7个月翻译。他竭尽所能保护大量文化界救亡难友、爱国侨领和当地华人华侨，得以从法西斯屠刀下死里逃生。他曾掩护过华侨领袖陈嘉庚。夏衍先生在《忆达夫》一文提到，陈嘉庚曾亲口说："达夫先生不仅掩护了我，还援救了许多被捕侨领。"不料终被汉奸特务发现告密。郁便受到占领当局严加监视。日本战败投降。当地日本宪兵担心郁达夫揭露入侵者罪行，秘密绑架至荒野丛林，将其杀害。

1946年3月6日，郭沫若以沉痛笔触写下《论郁达夫》："实在的，在这几年中日本人所给予我们的损失，实在是太大了。但就我们所知道的范围内，在我们的朋辈中，怕应该以达夫的牺牲为最残酷的吧。"郁母，富阳失守时，因战祸而饿死。当时在福建的郁达夫得知噩耗，痛心疾首。胞兄郁华（曼陀），名画家郁风的父亲，在上海为汪伪暗杀。王映霞离婚。本人遭毒手，"这真真是不折不扣的'妻离子散，家破人亡'！达夫的遭遇为什么竟要有这样的酷烈！"

1946年8月，政务活动家胡愈之发表报告书《郁达夫的流亡和失踪》，指出："作为一个诗人与理想主义者的郁达夫，是'五四'巨匠之一。他永远忠实于'五四'，没有背叛'五四'。他的一生是一篇富丽悲壮的诗史。"胡愈之进而表示："他的伟大就是因为他是一个天才的诗人，一个人文主义者，也是一个真正的爱国主义者。"

归去来兮。先贤光耀闽地，薪尽火传。

1952年12月，中央人民政府追认郁达夫为革命烈士。首任新闻出版署署长胡愈之说："在中国文学史上，将永远铭刻着郁达夫的名字；在中国人民反法西斯战争的纪念碑上，也将永远铭刻着郁达夫烈士的名字。"

2014年9月，经党中央、国务院批准，民政部公布第一批在抗日战争中顽强奋战、为国捐躯的300名著名抗日英烈名录，郁达夫名列其中。

如今，郁达夫纪念馆已立于于山戚公祠蓬莱阁。蓬莱阁的前身是木构双层八角亭，因戚继光籍贯为山东蓬莱故取名"蓬莱阁"。郁达夫，对戚继光的爱国精神非常敬仰，寓居榕城时曾多次前往于山祭拜，留下了《满江红》等诗词。纪念馆内郁达夫史迹展，分为"前言""爱国一生""入闽事迹""诗文篇章"和"后语"，展现了郁达夫爱国抗战的一生。笔者看到，这一简介中，原本只有"始"字，可能漏排了"开"。或者这也喻示，如今有些人对于郁达夫家国情怀和抗战志业的形成、发展，或许只有模糊的印象，对于实况并不甚了然。其实，该展厅"前言"对此已作了描述，

《名人与台江》

"1913年,他赴日本留学,毕业日本帝国大学经济学部,由于饱受屈辱和歧视,激发了爱国热忱,从而转向文学创作。"

"九一八"事变后,面对日本军国主义的侵略行径,郁达夫义愤填膺。郁云著《郁达夫传》作了具体记述。郁达夫于1931年12月加入"上海文化界反帝抗日联盟";与鲁迅、茅盾、叶圣陶等共同签署发表《上海文化界告世界书》,严正提出"坚决反对帝国主义瓜分中国的战争,反对加于中国民众反日反帝的任何压迫,反对中国政府的对日妥协,以及压迫革命的民众"。1932年2月7日,他又和叶圣陶等组织"著作者抗日联合会",签署发表《中国著作者为日军进攻上海屠杀民众宣言》。在闽期间,他更是成了省会文化界抗日救亡运动的领袖人物。后来,他自福州前往新加坡,又成了南洋文坛爱国抗敌的一面旗帜。

近一年间,笔者数次前往于山凭吊英烈,在郁达夫纪念馆,每次都能见到参观者。虽时光流逝,八十多年过去了,但他始终为后人所敬重和缅怀。

现在,郁达夫小说奖,两年一届,由浙江省作协《江南》杂志社主办,以郁达夫家乡富阳为永久颁奖地。得到广大文学爱好者的关注。该奖定位:地域性奖项,全国性影响,国际性眼光。以弘扬郁达夫文学精神为主旨,鼓励浪漫诗意的性情写作,注重汉语叙事传统的继承和创新,面向海内外,力推浪漫放达、感性丰盈、感时忧国、富有鲜明个性的优秀之作。

诚如郁达夫流亡南洋时所作:

郁达夫：归去来兮

> 天意似将颁大任，微躯何厌忍饥寒。
> 长歌正气重来读，我比前贤路已宽。

穿越时空，郁达夫的文学理想，仍在延续……

附《归去来兮》参考资料简目：

1.《郁达夫散文全集》，哈尔滨出版社，2013年2月第1版。
2.《郁达夫日记集》，浙江文艺出版社，1986年10月第1版。
3.《故都的秋》，花城出版社，2016年1月第1版。
4.《郁达夫传》，福建人民出版社，1984年4月第1版。
5.《文史资料选编·第三卷／文化编》，福建人民出版社，2001年12月第1版。
6.《人文苍霞》，台江区政协、台江区委宣传部、台江区仓霞街道编，2015年10月。

《名人与台江》

侯德榜：
从台江走出来的化学泰斗

章礼提

台江，在人们的印象里，是一处有名商埠，台江有惠泽山、上下杭、万寿桥、沙合桥、中亭街、台江码头、洪氏茶庄、高家大院、罗氏钱庄，台江还与许多名人有缘：闽越王无诸、开闽王审知、侨领黄乃裳、武状元黄培松、翻译家林纾、"万金油大王"胡文虎、知名作家郁达夫、东南茶王欧阳康、化学工业泰斗侯德榜……

本文着重讲述，侯德榜成长与成功故事。

侯家福地坡尾村

明朝嘉靖年间，侯德榜祖上侯笃清由闽南漳浦县迁居永泰县大樟溪畔葛岭镇九老村；清朝中后期，侯笃清有支子孙东进，到了闽县高盖北乡义洲坡尾村起盖房子，繁衍生息。

坡尾村位于台江区义洲西南角，南面紧邻福建母亲河闽江，闽江源于闽北，流经台江那段称白龙江或北港；坡尾东北有一座

侯德榜：从台江走出来的化学泰斗

著名的"全闽第一江山"大庙山，那是台江最高的一座山峰。闽越时期，站在城里的乌山顶往南眺望，可见一片大江湾，江湾之北有山如台，称为南台山，山下江水围绕，便把那地方称台江。坡尾村西北则是一座海拔不太高的山峰，名叫怡山。梁朝时期，传说王霸仙在山中修道；唐代咸通年间把修道处改建成佛寺，定名清禅寺，后改名"怡山西禅长庆寺"，俗称西禅寺——古老的寺院香火不断，现已成为全国重点寺庙；坡尾村东边有一条著名的内河，称为白马河，河水从西北经大庙山流入闽江；坡尾村还有一条西南走向小河流，名叫新透河，清澈河水长久不息流入了白马河。

坡尾村在唐代曾是一片沧海，只是到了闽王建国，才逐渐变成了桑田。北宋中后期，闽江上游人口快速发展，大面积开荒种地造成严重水土流失，每次下大暴雨，坡尾乡便成泽国，随之而来的是沙泥堆积，时间一长逐渐形成许多沙岛，沙岛周边遍布溪流与池塘，白龙江两岸逐渐变成了许多个沙洲，比如义洲、帮洲、中洲、楞严洲、尤溪州等等。

清朝嘉庆与道光年间，坡尾村先后有卢氏、朱氏、林氏、侯氏、何氏等家族的先祖在各沙岛上起盖房子。他们在房前屋后，路边空地里，水塘周围种植荔枝、龙眼、桃树和竹子，逐渐形成了一座美丽的村庄；同时在沼泽地里填泥垦荒，开挖出大片农田，修建了水渠和水车，成为一片富饶之地。

侯德榜先祖，就是在坡尾村选择了一处形如龟背的沙岛，盖起一座单层木房供家人居住。当时那是一座非常普通的民房，坐北向南，杉木结构，平面呈"凹"字形。木房由大厅、厢房、披榭组成，占地面积483平方米。大厅与两边厢房共有五间，穿斗式木构架，悬山顶。房子门外是菜地，过了菜地便是农田。侯氏子孙世代以务农为业，有时也到白马河畔木材店打工赚些工钱，过着日出而作，日落而息生活。

坡尾村迄今已有两百多年历史，只可惜大部分建筑已不复存在，历史悠久的"柴埕厝"也不见了踪迹，特别是20世纪90年代，坡尾村得到了快速开发，现已高楼林立，车水马龙，非常繁华热闹。道路宽敞了，街上店面多了，村民们住上了几十层高楼，但没有几个人知道，二十多年前那里还是一座非常美丽的田园水乡，有绿树，有耕

★ 义洲坡尾村侯德榜故居

田，有溪水，有鱼虾，小桥静幽，水车辘辘，整个村庄，林茂树绿，鸟语花香。庆幸的是，现在成为"侯德榜故居"的那栋房子仍然"健在"，它与白马河上那座久远石板桥，见证着这一带的沧桑变化。许多年前，谁也没能想到，那座普通民房竟然走出了包括侯德榜在内的两位中科院院士，这座普通不过的民房竟然成为省级文物保护单位、国家级科学家精神教育基地。

倾力培养读书郎

侯德榜，名启荣，字致本，出生于 1890 年 8 月 9 日，为侯笃清第十三代裔孙。他的名字是爷爷侯倡霖起的，寓意是"厚德载物，榜上留名"。启是辈分，荣是繁荣之意，启荣蕴含开始繁荣的意思。爷爷侯昌霖平生倡导以德致本，自然有寄望于孙子有出息的莫大期许。

有些事情虽然出于偶然，但也有其必然所在。台江是以商业区著称，位于白马河出口处两岸的义洲，更是一处有名木材集散中心，虽然商业气息较为浓厚，但是许多义洲人眼光独到，思想开放，都想让自己子孙到学校去读书习字。侯德榜的高祖就是这样的一个人，他让爷爷侯昌霖到私塾斋读书，虽然只读了几年，但却使他成为坡尾村一位有文化的人。

时光流转到清朝末年，天下动乱，英、德、法、美等八国联军入侵中国，老百姓生活每况愈下。侯德榜祖上留下的不多田产，到了侯德榜父亲侯守琰这一代，从祖产里分到的田亩就更少了，全家只分得几分薄地，聊以度日。

侯守琰结婚后，养育了五个子女，为了全家人生计，只好长期到附近给地主家当长工，农闲季节到白马河木材店干些粗活，赚取不多的工钱补贴家用。尽管家庭经济困难，侯守琰还是将儿子侯德榜送到坡尾村一家私塾读书。侯德榜在这家私塾读了三年书，虽然书读得很好，经常得到老师表扬，但由于家庭贫困，只好辍学回家，帮着父母做些农活，养鸡养鸭，放牛羊，拾猪菜……

侯德榜虽然辍学，但从小喜欢读书的他却没有离开书本，总是利用空闲时间看书。有天早上，侯德榜听从父亲的安排，前往地里打水车，为农田灌水，脚踩着水车，手拿着书本，聚精会神地读着，爷爷侯昌霖到地里找孙子，没见着侯德榜便大声喊叫，看书看得入神的侯德榜却没有听见，侯昌霖见孙子读书这么用功，非常高兴，便在村里宣扬自己孙子读书的用功，于是"挂车攻读"故事便在乡里传播开来。

从此之后，爷爷侯昌霖专心教孙子侯德榜读书学习，让侯德榜过上了半耕半读的生活。常言说，最好的启蒙老师是家人，侯德榜的启蒙老师是爷爷，他多次说过，是他的爷爷让他树立了"读书要勤奋，办事要认真，为人要厚道，一生要爱国"的人生理念。

发现侯德榜有读书天分的还有他的姑妈。1902年盛冬，福州下了一场多年不见的小雪，天气非常寒冷。侯德榜来到姑妈家，姑妈叫他到阁楼去取一件物品，时间过了很久，姑妈还没见侄儿下楼，这是怎么回事？姑妈上楼一看，只见侯德榜靠在柱子上看书。原来，侯德榜在阁楼上一个角落发现了几本旧书籍，迫不及待地翻开来看，越看越入迷，竟然把姑妈交办的事情给忘了。

侯德榜的姑妈，小时候读过几年书，指着书里一段话叫侄子读给她听，没有想到侯德榜只看了两遍，居然能够背诵起来，这让姑妈吃惊不小，认为侄儿是位难得的奇才，将来必有作为，于是就下决心加以培养，虽然家里并不富裕，但她还是决定出资让侄儿去书院读书。

当时，省内教师队伍最强、科目最全、管理最到位的学堂，当属福州英华书院，只是收费非常高。但侯德榜姑妈认为，应让侄儿上最好的学校。侯德榜姑妈动员自己的丈夫和哥哥守琰，倾两家之力对侯德榜进行培养，她要培养侄儿成才，有朝一日走出台江，走出福建，走出国门。

坎坷求学名震清华

1903年初春，城里城外，百花盛开，万象更新。侯德榜跟随姑妈，高兴地走进位于仓前山英华书院。这是一所由美国传教士创办的洋学堂，不仅教学质量高，而且书院环境也十分优美。

侯德榜知道，到英华书院读书的机会来之不易，他下决心要努力学好每一门课目，以最好成绩报答姑妈。英华书院在教学上除了数、理、化等基础学科外，还设置了英语和德语等课程，不少老师来自美国和英国。

　　侯德榜在英华书院读了几个月后，渐渐有了自己的一些想法。他意识到，西方人表面上推崇自由、平等、博爱等思想内容，现实中却随处可见外国人对中国人的傲慢与欺压，无数中国苦力在自己的土地上被外国人鞭打、驱使，而腐败的清王朝在西方国家坚船利炮威胁下懦弱不堪，任人宰割。后来，侯德榜从《天演论》中，明白了弱肉强食的道理；在《海国图志》中，读到了"师夷长技以制夷"的主张，等等，可以说，在英华书院读书，使侯德榜有机会接触到当时世界上最先进的科学知识，也受到西方科学思想的影响，逐渐萌生了"科学救国"的思想，坚定了学习科学、打破枷锁、振兴祖国的志向。

　　时光流逝，又一个春天来了，虽然百花盛开，但大地上却蒙上一层浓雾，天空上却是翻滚着浓密的乌云。1906年初春，美国旧金山刮起一起"排华"浪潮，说是要把华人赶出美国。英华书院爱国学生组织了一场反对美帝国主义罢课行动，以实际行动支援旧金山华人华侨，作为书院优秀学生的侯德榜，也毫不犹豫地参加了这一爱国行动。

　　让人们没有想到的是，参加爱国行动的进步学生，却全部遭到校方开除。侯德榜也只好离开英华书院。虽然被英华书院开除，但侯德榜并不后悔，他是因为自己的爱国行为才遭到开除的。庆幸是没过多久，被英华书院开除的爱国学生，全部转入爱国商人陈宝琛新开设的中学继续学业。

侯德榜：从台江走出来的化学泰斗

一年之后，侯德榜以最优秀的成绩被保送到上海铁路学校学习。在上海铁路学校两年时间里，侯德榜又学到了许多新知识。毕业后，侯德榜到津浦铁路南段符离集车站实习，几个月后便招为正式职员。

侯德榜在上海铁路段工作了一段时间后，接触到的许多现实让他意识到，英国人修建的这条铁路，真正目的，不过是为外国人占领中国市场、掠夺中国资源和资产提供方便而已，这与他学习科技、工业救国的抱负大相径庭。侯德榜在上海铁路段虽然工作时间不长，但对他的思想却产生了很大的触动。

1911年初，清华学堂开设留美预备学堂，首次在全国公开招考留美学生。侯德榜在报纸上看到了清华学堂招生的信息，非常高兴，认为唯有学习外国先进的科学技术，然后回国发展属于本国的民族企业，方是拯救中国的不二之选。于是，侯德榜毫不犹豫辞去来之不易、收入又相当不错的上海铁路段的工作，只身前往北平报名参加清华学堂的入学考试。

那时的清华学堂是全国最顶尖学府，由于侯德榜每门课程功底深厚，入学考试发挥正常，他以优异成绩被清华学堂录取，直接进入最高年级学习。侯德榜自然不会放过这次绝好机会，认真学好每一门课程，在期末考试中，十门科目均考出满分，总成绩1000分，成绩一公布，惊动了清华园的老师和同学，被誉为"千分学子"和"清华学神"。

在民国初年，由于之前时局动荡的关系，清华学堂停课，次年南北议和,清华学堂改名为"清华学校",然后重新开课。1913年11月,历经波折的侯德榜从清华学校毕业,由于侯德榜成绩特优,直接被保送到"麻省理工学院"化学科就读。

从此,侯德榜与化学工业结下不解之缘。

赴美深造成绩优异

麻省理工学院创办于1861年,位于美国马萨诸塞州波士顿市,虽然只是所私立研究性院校,但它的排名却是世界前三。该校办学理念是,提供有刺激性和有效性生活与学习环境,吸引最优秀教师和学生,让学生树立研究性和创造性之思想。

侯德榜第一次走出了国门,走进了麻省理工学院,自然兴奋不已。学院按照惯例召开了新学年动员大会,校长查理德·麦克劳林,在动员会作了精彩演讲,这让初出国门的侯德榜,感受到了什么是先进性与创新源动力。

麻省理工学院属于世界一流大学。有人说,进麻省理工学院很难,但要毕业却更难。学生需要在4年之内修完360个高难度学分,有些学生虽然进了这所学院,但最终却受不了那艰苦学习的生活环境。而侯德榜却认为,麻省理工学院是学习的乐园,修满学分对他来说并不难,他给自己定出的终极目标是,4年之后要成为最为优秀毕业生。要知道,在人才济济麻省理工学院,要想一直保持成绩名列前茅并不容易。在4年时间里,侯德榜每一天除了上课、吃饭、休息、运动外，大部分时间都泡在图书馆看书，或待在试验室搞试验，很少跨出学校大门。

侯德榜在麻理工学院学习的内容，除了主科化学以外，还选修了机械、电力、工业管理等专业科目。侯德榜觉得作为一名科学家，必须掌握多门知识，这对一般大学生来说是很难做到，但侯德榜做到了——掌握多学科知识，为以后他成为著名科学家打下了坚实的基础。

功夫不负有心人。1917年春季，侯德榜以优异成绩毕业，获得麻省理工学院学士学位，随后马上进入"普拉特"专科学院学习制革——所谓制革，就是把生皮鞣制成革的过程，当时制革是个热门行业，研究制革技术前程不可估量——并获得了制革化学师的文凭。

1918年，侯德榜考入了哥伦比亚大学研究生院，继续主攻制革技术。哥伦比亚大学创立于1754年，坐落于美国纽约曼哈顿城区，初名为"国王学院"，1784年改名哥伦比亚学院，1896年成为综合性大学。哥伦比亚大学同时也是一所世界顶尖的研究型大学，在世界排名前十位，曾经创造过许多非凡的成就：是世界上第一所有资格颁发"医学博士"学位的大学；是诞生了美国第一颗原子弹"曼哈顿计划"的地方，等等，可见其名气之大，研发实力之强。

两年后，侯德榜顺利获得了哥伦比亚大学的硕士学位，然后留校继续深造，于1921年获得博士学位。在哥伦比亚大学深造期间，侯德榜学习成绩一直保持优异，在有一定名气的刊物上发表了多篇论文，被接纳为美国 Sigma Xi 科学会的会员和美国 PhiLambda Upsilon 化学会的会员。

侯德榜的博士毕业论文《铁盐鞣革》是他多年的研究成果，很有创见性和实用性，得到了导师杰克逊先生的充分肯定，也使同行科学家们刮目相看。论文得到了行业最为权威的刊物——《美国制革化学师协会会刊》认可，特予全文连载——虽然过去100多年，但这篇论文直到现在还被广为引用，成为制革行业最著名的经典文献。

侯德榜获得博士学位，加上多篇论文发表，得到化学界的极大认可，在美国已小有名气，引起了众多大学和公司的关注，其中，有好几所美国大学想要聘用侯德榜担任教师，几家实力较强的化工企业也想高薪聘他担任工程师。面临抉择的侯德榜心想，自己在美国掌握了许多先进的理论，但还没有得到实践，制造技术经验不足，美国是化学工业的"王国"，应该先到公司去工作几年，掌握当时最先进的制造技术，然后再回到祖国，只有这样才能更好报效祖国。

侯德榜没有想到的是，当时有一位国内民族实业家已经关注他很久了。正当侯德榜在选择去向的时候，突然收到了这位实业家一封热情洋溢和诚心诚意的邀请信，信中邀请侯德榜回国与他一起创业——这封信改变了侯德榜一生命运，也因此让他与制碱事业结下五十多年不解之缘……

初心不忘毅然归国

这位给侯德榜发出邀请信的民族实业家名叫范旭东。

范旭东原名范源让，字明俊，1883年10月24日生于湖南长沙市，比侯德榜长7岁。范旭东的爷爷当过直隶大兴县知县，父亲以教书为业，哥哥范源濂却是位著名的教育家。

自小聪明好学又目光远大的范旭东，由于父亲早逝，读书用钱只好由姑妈和哥哥赞助，后跟随哥哥范源濂前往日本，在日本完成中学和大学教育。1910年，范旭东毕业于日本"京都帝国大学"化学系，留校任教，并在这一年秋天与同时留学日本的长沙人许馥小姐结婚。1911年，辛亥革命胜利消息传到日本，范旭东立即携家小回国，经梁启超推荐进入财政部工作。1913年初，范旭东等人被派往欧洲考察盐政，由此而对制盐工业产生了浓厚的兴趣。1915年秋季，范旭东与友人合伙，在天津创办了"久大精盐公司"，注册了"海王星"商标，经过严格的科学程序生产出第一批精盐，并畅销国内外。

随着社会经济、工业发展和人口日渐增多，整个社会对精盐和纯碱的需求量越来越大。精盐的问题已经解决，但碱的问题还没办法解决——当时高质量的纯碱都要靠外国进口，价格非常昂贵。范旭东意识到发展碱业市场潜力很大。前景看好，于是就计划发展制碱业，解决国内百姓生活和工业生产用碱问题。

1917年，范旭东与他人合作在范家院内建起了一座几米高的石灰窑，安装了氨碱法制碱设备进行模型试验，经过几个月努力，终于制出了第一批碱产品，虽然只生产几公斤，质量也不高，但却是国内制碱业零的突破。第二年经财政部"盐务署"同意，特许范旭东创办永利制碱公司。

1920年5月，永利制碱公司股东会研究决定，在天津塘沽建设一座制碱厂，由范旭东担任总经理。身为化学家的范旭东，深知制碱企业离不开技术的支撑，立即派出股东陈调甫前往美国购置制碱设备，同时派另一位股东前往欧洲，招聘与制碱领域相关的科技和工程管理人才。

半年后，永利制碱公司在美国购置的制碱设备陆续运到了天津，从欧洲应聘科技人员也陆续到位，但最为重要的技师长人选却还没有眉目。虽然有几位外国技师应聘，但是开出的年薪价位和生活条件等要求非常苛刻，永利制碱公司无法接受，这让范旭东非常着急。

恰在这时，赴美国购置设备的陈调甫回来了，向范旭东举荐了哥伦比亚大学毕业的博士侯德榜。范旭东听了介绍，喜出望外，认为侯德榜是位非常难得的人才，非常合适出任制碱技术总管。于是范旭东亲笔给侯德榜写信，信中详细讲述了纯碱制造对于工业、食品行业和百姓日常生活重要性；讲述了英国卜内门公司对中国纯碱市场的垄断；讲述了国际索尔维集团对中国的技术封锁，以及处于天津塘沽永利制碱厂条件和工业救国的目标，恳请侯德榜回国与他一起，共同承担起发展祖国制碱事业重任。邀请信言辞恳切，饱含着一位民族实业家对国家的深情，对制碱业的钟情。

　　侯德榜收到范旭东恳请他回国创业、共同发展中国碱业、承担技术重任的信件后陷入了艰难抉择之中，令他夜不能寐，思虑再三：一是他在美国所学专业为制革，回国从事的是制碱，意味着在学术上要改行，改行意味着要放弃具有远大前途的制革技术；二是在美国工作几年，对在制革业上做出成就极有信心，如果回国从事制碱行业，还得重新学习，能否有所突破没有把握。侯德榜反复权衡，最后他的目光落在邀请信里"实业救国，科技兴国"这八个字，突然看到了自己曾经的理想与范旭东的诚意不谋而合。同时他也看到了贫弱的国家对发展碱业有着迫切的要求，看到了胸怀宽广、眼光远大的范旭东浓浓的家国情怀。

　　侯德榜不止一次在哥伦比亚大学公园道上迈开步子，踱来踱去，不断思索自己人生何去何从，立即回国，还是等几年？这时天空中几只飞鸟，翻动翅膀向东方飞去，祖国人民需要碱，祖国建设需要制碱人才，看来应该回去……

　　侯德榜终于下决心回国，出任永利制碱公司技师长和制造长。消息一经传出就惊动知道侯德榜这个人的美国各界，觉得侯德榜的决定太不可思议：中国正处于战乱时期，许多地方发生战争，连性命都难以保障，不用说发展事业，而美国不管是物质生活还是精神生活，无论是生活环境还是工作环境，哪方面都比中国好，为何要回国呢？恩师杰克逊和许多学友纷纷告诫侯德榜不要意气用事，劝说他：如果想要干一番事业，想要在世上留名，想要高薪收入，都应该留在美国，留在美国才有前途。

侯德榜对这些道理怎么不明白？美国的实验室里有最先进的设备，拥有完备的试验平台，拥有世界上最强的科研团队，这些条件是国内所不具备的。但侯德榜认为，当初自己选择留学美国，初心是学成后回去报效祖国，他不能忘了初心，应以发展民族工业为己任，大丈夫不必过多考虑个人得失。

侯德榜打定主意回国创业。他给范旭东写了回信，然后前往麻省理工学院，拜访恩师麦卡斯教授。麦卡斯教授对制碱科技颇有研究，见得意门生到访，非常高兴。出乎意料的是，恩师对侯德榜回国的决定大加赞赏。他认为，侯德榜回到中国可以挑起大梁独当一面，更好地发挥聪明才智。麦卡斯教授对侯德榜改行从事制碱事业也予以鼓励。他说，制碱工艺与技术研究的前景不亚于制革，回到中国后说不定还能开创出新路子。恩师麦卡斯教授的支持和鼓励，给侯德榜增添了许多的信心。

侯德榜归国前，通过麦卡斯教授的关系，先后到美国多家制碱公司参观学习。几个月后，他已经掌握了制碱的流程与技术，心里有了底，对未来更加充满信心。至此，侯德榜才收拾行李，与美国的师友们道别，坐上了前往香港大客船。

连攀高峰惊动世界

1921年初冬，侯德榜冒着风雪，踏上了回归祖国的旅程。客船在海上奔波一个多月才抵达香港。侯德榜在香港临时决定，先回阔别多年的家乡探望家人，与亲人团聚，春节后再前往天津上任。

侯德榜回福州探亲的消息传开后，闽县官员、坡尾村村长和姑妈和姑丈分别率一大批教师和学子、乡亲、亲戚朋友，一起来到台江码头，高举着彩旗和标语，热烈欢迎侯德榜博士回国。在熟悉的台江码头，盛大的欢迎场面让侯德榜激动不已，让他倍感压力，更让他感到一股动力。在欢迎队伍中，侯德榜看到了热泪盈眶的妻子张淑春——想当年，他们刚结婚没几天，他就离开了家乡，没想到一去就是那么多年，他深情地拉着妻子的手激动地说："阿春，我回来了，我回来了，从今而后，我与你再也不分离了，再也不分离！"那年春节一过，侯德榜就告别乡亲，急急忙忙前往天津上任。

侯德榜在永利制碱公司受到了热烈欢迎。公司为此专门举办了一场盛大欢迎仪式，让侯德榜感动不已。

侯德榜很快投入到永利制碱公司繁忙的工作中去，与范旭东接触频繁，逐渐对范旭东有了更多的了解。侯德榜记得，第一次走进范旭东总经理的办公室，就发现墙上贴着"三不"信条：一是不利用公司钱财而谋私利；二是不利用公司地位而谋私益；三是不利用公司时间而办私事。这"三不"信条令侯德榜心里暗自佩服。后来他还听说，范旭东虽然身为大公司总经理，但他出门不置车，有钱不购房，把全部的资金和精力都放在事业上，其谦逊的作风、高尚的人格更令侯德榜钦佩，决心与他一起开创出一片新天地。

从此，侯德榜与范旭东齐驱并进，像两只展翅雄鹰，搏击在浩瀚的化学工业蓝天上，创下了辉煌成就，也结下了深厚感情。范旭东一生先后创办了久大制盐、永利制碱、南京制酸三大公司，成立了"黄海化学工业研究社"，让"永、久、黄"名扬海内外，为中国化学实业领域中做出了巨大贡献。而侯德榜则在化学工业技术和管理上，做出不可磨灭的贡献。

披荆斩棘，揭开了索尔维制碱秘密

1861年，比利时化学家索尔维，发明了以食盐、石灰石、氨气为原料的纯碱生产办法，简称"索氏制碱法"。该法成本较低，产品纯度高，步骤比较简单。但索氏制碱法属于连续生产，所有生产设备作为一个整体，环环相扣，任何环节出现问题都会导致整个生产流程出现问题，工艺和设备要求极高。因此，欧洲英、法、德、美等国家，为了谋取长久利益，买断了该法的专利并组建了工会，约定制作工艺只能向会员国公开，对外严密封锁，以此垄断纯碱生产市场。索氏制碱法被垄断后的七十多年来，没有入会的国家，不知有不少化学家都想解开纯碱生产工艺秘密，破解索尔维制碱法，但都以失败而告终。

作为化学家侯德榜，回国负责制碱技术，解开索氏制碱法的秘密，自然成为他攻克的目标和梦想。侯德榜走马上任永利制碱厂技师长时，工地上正在安装美国进口的制碱设备，他的首要任务就是尽快把工厂建好，尽快投入生产，然后从实践中破解"索尔维制碱法"之秘密，但这两件事情，说起来容易，做起来并不易。

由于制碱设备从美国进口，厂家提供的图纸不全，因此在安装过程中出现了许多问题。侯德榜只好起早摸黑深入工地进行指导，逐个问题加以分析，摸索解决的办法，经过几个月努力，制碱设备终于安装就绪，开始进行试产。没想到试产过程也不顺利，只好边改边试，前后试产了几十次都没有获得成功，令侯德榜心急如焚。由于公司属于股东制，有几位股东开始怀疑侯德榜的技术和能力，纷纷要求更换技师长。

此时的范旭东已债台高筑，内外交困。但他却十分信任侯德榜，力排众议，坚信侯德榜会有办法，只是还没有找到办法而已。范旭东在公司极度困难的情况下竭力支持侯德榜，鼓励他继续进行试产，还成立了由孙颖川博士为社长的"黄海化学工业研究社"，指定由侯德榜负责制碱课题，集中技术力量研究与探索制碱技术，解决试产中的问题。这一系列举措令侯德榜非常感动："今日只有一意拼死，谋求技术问题解决，以报答范公之诚！"

侯德榜借鉴各国制碱技术，认真分析试产失败原因，深入研究石灰窑生产过程，多次进入灼热的石灰窑中检查设备；为了排清堵塞的水沟，亲自钻进下水道实地检查；为了观察炉体结疤、烧裂的问题，不顾危险进入碱尘弥漫的煅烧炉；为了观察碳化塔生产情况，长时间待在气味难闻之地，即便是吃饭也不例外……经过近一年多边试产边改进，到1924年初，终于试产成功，生产出纯度达98%的纯碱。

令侯德榜没想到的是，虽然试产成功，纯度也达到了国际标准，但不知何故，产品的颜色却呈红黑色，总体质量达不到要求，仍属不合格产品，无法面市。个别股东见此，心灰意冷，不愿意继续投资。

侯德榜面对出现的新问题，没有退缩。他想出了解决办法：将钢管全部换为铸铁和向铵液中加入硫离子。可惜在即将生产出正常纯碱的时候，厂里的最后一台煅烧炉烧坏了，生产不得不停工，实验更无从谈起。雪上加霜的是，与永利存在生意竞争的欧洲人开办的卜内门公司，利用政治力量强收永利公司工业用盐税，想以增加成本的方式击倒永利公司。虽然面临四面楚歌的困境，董事长范旭东却扛住了压力，说服一些董事和政府，为永利制碱厂争取到了宝贵的时间。

侯德榜等人受命前往美国，引进先进的圆通回转型外热式煅烧炉，并对生产设备进行了一定的改造，使用自动出灰器和加煤器，增加了蒸氨塔换热面积，改装了滤碱机……经过一系列改进和优化，让制碱生产流程更加成熟和稳定。

此后，永利碱厂又经过多次试产，于 1926 年 4 月重新开车，终于得到了期盼已久的纯白色的碱，产品纯度达到了 99%，彻底打破了索尔维法垄断和封锁。消息传开，全厂工人干部欢呼，场面激动人心！时任董事长范旭东把永利公司生产出的纯碱，命名为"红三角"牌纯碱，下令开满车生产，日产量超过 30 吨。至此，永利公司可以说已浴火重生。

1926 年 8 月，美国在费城举办万国博览会和瑞士国际商品展览会。展览会上，"红三角"牌纯碱一鸣惊人，受到了众人瞩目，最后荣膺金质奖章，震惊全球。侯德榜在美国的母校哥伦比亚大学也因此项技术贡献授予他"一级奖章"。

"红三角"牌纯碱，被誉为"中国近代工业进步的象征"，给永利公司带来了盈利和信心。永利公司再接再厉，在侯德榜的主持下，在国内新建的系列化工厂先后落成，产品畅销国内外，纯碱产量也大幅度增加。自此，中国具备了生产纯碱、硝酸、硫酸技术与工艺。

侯德榜通过不懈努力，终于攻克并掌握索尔维制碱法的奥秘，从来没有想过要将其专利高价出售，发一笔财，而是想把这一科学成果公布于众，无偿让世界各国人民共享。侯德榜的决定，立刻遭到了公司一些高管和周围人的极力反对，纷纷劝说他三思而后行，"十年苦战才终得其果，可得高额专利，何以苦为之？"

侯德榜对大家说，科学技术是属于全人类的，应造福于全人类；一个真正的科学家，决不能把科技成果作为谋求个人利益的工具，他要遵守恩师杰克逊教授的训导。同是化学家又是挚友的范旭东，再一次赞同和支持了侯德榜这一做法。侯德榜把制碱技术法和实践经验，写成了专著《纯碱制造》（Manu-factur of Soda）一书，于1933年在纽约公开出版，揭开了索尔维制碱法的神秘面纱，惊动了全世界，在学术界和化学工业界产生了深远影响。侯德榜的无私奉献，董事长范旭东的支持，两位著名化学专家都得到了各国人民尊敬和爱戴。

奋勇前进，发明侯氏联合制碱法

1934年初，永利公司董事长范旭东为了"再展化工一翼"即生产化肥，经董事会研究决定，在南京建设一座兼产合成氨、硝酸、硫酸、硫酸铵的铔厂，任命侯德榜为厂长兼技师长，负责铔厂的筹建和生产。

侯德榜办事一向雷厉风行，受命之后立即安排相关事务，然后带队赶往南京。经过近两年努力，1937年1月，南京铔厂建成投产，创造了当时工程建设的最高速度，成为当时民族工业建设的楷模，引得各地企业家纷纷前往参观学习。

令侯德榜感到欣慰的是，南京铔厂只试车一次便获得成功，技术达到了国际水平。1937年2月5日，南京铔厂生产出了第一批高质量硫酸铵，接着硝酸铵也顺利投产。硫酸铵和硝酸铵的相继产出，标志着中国工程技术人员完全可以驾驭硫酸厂、硫酸铵厂、硝酸厂工程。可以说，南京铔厂和天津碱厂奠定了中国基本化学工业的基础。同时，随着天津碱厂和南京铔厂生产规模不断扩大，还培养出大批化工科技人才，为中国化工科技事业做出了不可磨灭的贡献。

侯德榜在制碱的实践中发现，索尔维制碱法虽然有其鲜明优点，但也存在许多致命缺点，如原料利用率较低，食盐中近半的氯和石灰中大量的钙没能被完全利用，不仅浪费原材料，还造成严重污染。侯德榜在推进铔厂建设的同时，继续研究制碱的新工艺，他的目标是提高制碱原材料的利用率，创出一套比索尔维制碱法更先进的制碱新方法。

1937年，抗日战争爆发，永利碱厂受到日军侵犯，范旭东只好把碱厂迁移到重庆。在当地制碱，能找到的原料食盐是井盐，价格比海盐贵，造成生产成本提高。如何提高食盐的利用率，成为摆在范旭东和侯德榜面前急需解决的问题。

1938年，德国科学家发明了"察安制碱法"，有效地提高食盐利用率。侯德榜获悉后，马上率队前往德国，计划购买一套德国制碱新工艺和设备。万万没有想到的是，当时的德国政府出于与日本的暧昧关系，提出了非常苛刻的条件，比如生产的碱不能运到东北出售等等，侯德榜只好放弃谈判，空手而归。但侯德榜并不放弃，为了进一步了解"察安制碱法"，他率队前往美国参观学习，实地了解"察安制碱法"具体的生产情况。经过研究分析，侯德榜觉得"察安制碱法"虽然提高了食盐的利用率,但也存在许多缺点。

侯德榜只好另辟它路。回到重庆后,侯德榜抓紧研究制碱新办法,目的是想在制碱过程中,把废弃的原料利用起来,变废为宝。侯德榜为此组建了技术攻关团队,亲自担任组长,日夜兼程设计制碱新工艺,虽然设计出几个方案,但都没有获得成功。

有一次,侯德榜边散步边思考,突然想到了一种新办法:把"索尔维制碱法"和"察安制碱法"两者的优点结合起来,让氯化铵既可作为化工原料,又可以作为农业生产化肥,说不定就能达成自己的目标。兴奋的侯德榜立即带领技术人员,连续做起实验。1次、2次、10次、100次……一直进行了500多次试验,分析了2000多个样品,到1940年初,终于获得了成功,他的设想也终于成为现实,他的目标终于达成。

侯德榜发明的新制碱法,充分利用合成氨系统排出的二氧化碳,省去了庞大和高耗能的石灰窑,取消了氨碱法中所用蒸馏设备,同时获得工农业生产需要的产品——纯碱和氯化铵,也使盐的利用率从原来70%提高到96%,制碱成本降低40%,设备减少33%,优越性大大超过了"索氏制碱法"和"察安制碱法",开创了制碱工业的新纪元。

1943年,经范旭东提仪,中国化学工程师学会一致通过,将侯德榜发明的联合制碱法命名为"侯氏联合制碱法"。鉴于在化学工业领域中的突出贡献,侯德榜的母校哥伦比亚大学授予侯德榜"荣誉博士"学位，英国皇家化学工业学会授予侯德榜为"名誉会员"——全球只有12人获得该会名誉会员称号，足见其荣誉非同一般。

面向农业，研发碳化法生产小化肥

1945年，抗战胜利后，国共两党在重庆谈判，毛泽东和周恩来在谈判期间特意前往重庆碱厂，看望了范旭东和侯德榜，称赞范旭东为"工业先导，功在中华"。但让人们没有想到的是，时间才过十几天，也就是于10月4日，范旭东不幸突患恶疾，在重庆沙坪坝南园逝世。

范旭东的逝世令痛失好友的侯德榜悲伤不已。他亲手写了一副挽联："此痛岂能言，廿六年戮力同心，大业粗成兄竟去；其谋堪大用，一百日倦飞赍志，长材凋谢我何依。"从这挽联中，不难看出侯德榜与范旭东两人之间友谊是多么的深厚！范旭东逝世，使国人失去了一位著名的实业家，但人们没有忘记这位一生奋战于化工事业杰出实业家，称之为"中国重化学工业的奠基人"和"中国民族化学工业之父"。在治丧期间，毛泽东发去了吊唁，称赞范旭东是中国人民不可忘记的"四大实业家"之一。

范旭东逝世后，侯德榜接任永利公司董事长，担起了范旭东创下的企业重任，同时接任中国化学工业学会会长之位，继续推动中国化学工业发展。1947年，侯德榜应印度著名的塔塔公司之邀请，担任该公司顾问和总工程师，先后五次赴印度指导和改进该公司制碱厂设备和技术。

1949年6月，人还在印度的侯德榜，接到了国内周恩来之请，希望他回国参加第一届政治协商会议，共商国家大计，这让侯德榜十分的激动，也非常的高兴。安排好相关事务之后，他便离开印度回国，途经泰国、香港，8月中旬回到北平。回到北平的侯德榜受到隆重的欢迎，聂荣臻亲自前往机场迎接，周恩来和毛泽东先后接见了侯德榜，鼓励他继续为新中国化学工业的发展而努力。9月底，侯德榜出席了第一届中国人民政治协商会议，当选为全国委员会首届委员，接着出任中央财经委员会委员，中华人民共和国重工业部技术顾问。

中华人民共和国成立后，永利化学工业公司按照中央政策，实行公私合营，获得成功，侯德榜出任总经理。1953年，侯德榜参加民主建国会，当选为民主建国会常委。在这期间，侯德榜向中央政府提出了"建设中国十大化工企业设想"和"复兴工业的意见"，得到了中央的高度重视。

1955年，侯德榜在北京被授予中科院院士。之后，侯德榜轻车简从深入到各地开展调查研究，指导化学工业建设与发展。侯德榜先后到福建、江西等地农村调研考察，在调研中看到全国各地人口快速发展，粮食需要大幅增加，但由于耕地有限，农作物肥料缺乏，长势差产量低，老百姓填饱肚子都成了问题，作为化学家的侯德榜敏锐地意识到，为了让农民增产增收，必须从肥料上下工夫。

侯德榜立即带队来到上海化工研究院,与技术人员一道研究化肥生产流程和工艺,经过一段时间的反复试验,侯德榜发明了碳化法制造碳酸氢铵的办法,然后亲自领导示范工厂设计、施工、试验和改进。由于碳化法制造碳酸氢铵成本低,工序简单,易于在小型化工厂生产,非常受欢迎。侯德榜在后续的调研中,看到了发展小化肥前景广阔,向国务院提出逐步在全国推广小化肥的建议,引起中央和国务院的高度重视。

1957年,侯德榜光荣地加入了中国共产党。翌年,政务院提任侯德榜为化工部副部长,分管全国化学工业生产,参与全国化学工业和科技事业重要决策和化工行业一些重大科技活动。这时,侯德榜已是六十多岁的老人了,但他不顾自己年岁已高,为了报答党和国家对他的信任,马不停蹄地深入福建、浙江、湖南、山东等地,现场指导当地化学工业的发展。

1958年8月,侯德榜正在日本考察,妻子张淑春不幸因病去世,侯德榜非常悲痛。侯德榜与张淑春一世夫妻,共生有两男一女,她虽然是位不识字的农家妇女,但一生心地善良,为人贤惠,相夫教子,很受侯德榜的尊敬。为了国家的化学工业的发展,侯德榜常常带队到国外参观学习,也常常到全国各地去指导工作,很少在家。是他的妻子长年累月默默地守护着小家,将孩子培养成人。妻子去世后,侯德榜没有把妻子的骨灰盒葬到墓地,而是放在自己的房间,长年相伴。侯德榜从来没动过续弦的念头,"惟将白发守空房，报答半生死别离！"侯德榜终生不渝的夫妻恩爱之情，令人感动，可歌可泣。

常言说，人越老就会越想念家乡和往事。长期在北京工作的侯德榜，时时想念故乡，多么想经常回去走走看看，可是工作那么忙，哪有时间？当他收到老家乡亲来信说，过去种的是高秆水稻，怕长势过了会倒伏，不敢多施用化肥，而现在田地种植矮秆水稻，再不用担心倒伏，于是全部施用化肥，年年都获得丰收，农民们非常感谢矮秆水稻品种培育成功，也非常感谢他发明了小化肥……看了乡亲来信，侯德榜特别高兴。

侯德榜每当回忆往事，自然而然就会想到自己的恩人。他对有恩于己的人总是念念不忘：第一位是姑妈，是姑妈资助他上学，让他走出了国门；第二位是范旭东，是这位挚友多次的支持，为他搭建了发挥才能的平台；第三位是贤妻张淑春，默默守护着家庭，让他安心地在天空中飞翔；第四位是共产党，让他的公司平稳过渡到国有企业，让他在化学工业领域发挥出他的能量。

侯德榜总想在有生之年为党的事业做出更大成绩。妻子逝世后，他不顾体力虚弱，常常带上技术人员深入到福建、湖南、河南等地，指导市、县级别小化肥厂建设和生产。由于有国家政策扶持，有化学技术人员指导，有当地政府重视，小化肥工厂在全国各地如雨春笋不断涌现出来，数以万计的小化肥厂，生产出一批又一批碳酸氢铵、磷肥和钾肥，为农业丰收做出不可磨灭贡献。

1972年以后，侯德榜日渐病重，行动不便，他仍然会邀请科技人员到家里开会，讨论制碱技术和农业化肥生产的完善与发展。

怀德赍志后世崇仰

"我一向是怀着生命不息，奋斗不止的纯真感情，追求着一切能够发挥自己作用的机会，坚持从我做起，从点滴做起，并把勤奋、拼搏作为我一生的座右铭。"

"只知责任所在，拼命为之而已"。1974年8月26日，以"勤奋、拼搏"著称的侯德榜在北京逝世，享年84岁。

侯德榜是从台江走出的一位世界级著名科学家、杰出化学家、中国化学工业奠基人之一、中国重化学工业开拓者。侯德榜是台江人民的骄傲，也是中华民族的骄傲。

当侯德榜逝世噩耗传到福州坡尾乡，乡里人都感到十分痛惜和悲伤，纷纷前往侯府吊唁这位乡贤；噩耗传到祖籍地永泰葛岭九老村，侯氏也举行悼念仪式，悼念这位优秀的侯氏子孙；噩耗传到全国各地，各地人民都以不同形式，悼念这位为人类做过杰出贡献的伟大科学家。

为化学工业奋斗一生的侯德榜，虽然逝世40多年了，但他的家国情怀，精益求精的科学精神，奋斗不息和无私奉献思想，成为我们永远学习的榜样，侯德榜的思想和精神，鼓励着一代又一代中华民族的儿女，纵观人们的怀念和纪念形式，主要表现在以下几个方面。

——中国科协、教育部、共青团中央等部委，于2014年启动了科学家主题联合宣传活动"共和国脊梁——科学大师名校宣传工程"，曾在北洋大学（天津大学）任教授的侯德榜入选；天津大学邀请国家一级编剧兼导演许瑞生执导，创作出一部大型原创话剧《侯德榜》，于2021年10月27日在天津大剧院上演，产生了极大影响。

——1996年，中国化工学会经研究决定，设立"侯德榜化学科学技术奖"。该奖项是全国最高级别的化学奖项，每两年评奖和表彰一次，以激励广大化学科技工作者投身于化学工业和化学科技事业。

——2022年，中国科协、教育部、中科院、工程院等中央七部委研究决定，在全国选择140个单位，作为科学家精神教育基地，侯德榜故居被列入，序号为81。自从基地成立以来，福州市和台江区已多次组织老师和学生前往参观，接受爱国思想和科学精神教育，树立为国为民和热爱科学思想。

——2008年秋季，侯德榜祖籍地永泰县葛岭镇九老村，在村部中心树立"德榜亭"，展示其家族的骄傲，同时要求侯氏子孙向先贤学习，为侯氏家族争光。

——2009年，福建省人民政府把"侯德榜故居"定为文物保护单位。2020年5月，在市委、市政府的支持下，台江区委、区政府对侯德榜的故居进行修缮，列为纪念馆。2022年1月修建完工后对外开放。

——2012年,福州市人民政府把侯德榜故居门前的北兴路,命名为"德榜路"。每当人们走在这条路上,就会想起具有家国情怀和无私奉献的侯德榜。

《名人与台江》

林纾：苍霞精舍的投影

王柏霜

我无数次走过福州城市东隅高耸的鼓岭之下、鳝溪边上的福建理工大学。

早在三环开通之前，这个福建理工大学鳝溪校区已经存在。那时周边是个什么样子我已经无从得知。我对它更无知的是，竟然不知道它有一个历史悠久的前身，时光的变迁不能改变它传承了百年前的福州第一所"洋学堂"的招牌。这出身像披戴着某种历史光环的老者，被后人承认，供后人敬仰，被陈列在墙上，那些老旧的照片与旧式穿戴——着长衫、戴尖顶圆帽、留辫子的人像，分明在诉说着久远的陈年往事。这些人像被福建理工大学作为校史的一部分，郑重其事地安放在明亮的陈列室里，让一代又一代学子，了解学校的发轫与肇始、渊源与传续。通过这些旧照片，我和学子们一样，更深入地了解林纾和苍霞精舍，知道了流逝的时光沉积于旗山脚下的苍霞湖里，泛起涟漪，激荡着春夏秋冬，年复一年。

我觉得这神奇的光环，是带着林纾一身苍霞的夕光，穿越百年的投影。而我也感受到了那巨大的投影里，一股无形的魅力吸

林纾：苍霞精舍的投影

引我重新去叙述一段记载在书页里的故事，叙述一些已被大多数现代人遗忘的细节，揣摩苍霞精舍主人在那个时代里的心路历程。

我的这些叙述，其实也不是叙述，更像是一场对话。

我是林纾的晚辈，是晚生，也是一个读书人。我更愿意以一个后人的身份，对于林纾身上引起我共鸣之处，生发开去，抒写我的认知与感悟。这是否也可以将之视为林纾在我身上的投影？

寻访遗迹

2022年9月1日这天，我开始寻访林纾在福州生活过的人生两大轨迹。

★ 林纾曾经生活过的房间　　　　　　　　拍摄于林纾故居

《名人与台江》

★ 林纾故居

★ 林纾画像　（拍摄于林纾故居）

　　虽说是初秋，但天气仍然炎热，室外气温仍高达36摄氏度。我驱车来到六一中路40号林纾的出生地、现在的莲宅新村（莲宅社区），新村入口的两侧，已是鳞次栉比的商业店铺。当我20世纪80年代中叶到福州时，六一路周边仍是一片农田，那时的莲宅，还是叫作莲宅村，属于城中村，房舍和农田夹杂相间，颇有田园风光。可以想到，林纾出生年代的莲宅，更是远离福州城的乡村。

　　从闽江大桥向北前往现为陈列馆的林纾故居，步行不到10分钟。据介绍，陈列馆占地380平方米，建筑面积500平方米，为清代民居风格。正座面宽3间排，前后天井，进深5柱，穿斗

林纾：苍霞精舍的投影

式木构架，左右披榭。当我从莲宅新村大门进去，没走几步，一栋方方正正、条石为基、白灰上墙、灰瓦覆顶的建筑呈现在我眼前，这就是自号畏庐居士的先生故居了。故居四周白色高墙，正门朝东而开，一块牌匾上书"林纾故居"四个大字。正门正对一处空地，上有棚板遮盖，边上立一座小尖塔，估计是烧纸钱用的，周边是民居，有两棵高大的榕树，树枝伸展，绿荫遮天。正门边上立两块石碑，上书文物保护单位标记，分别是当时的福州郊区人民政府和福州市人民政府先后而立。入正门后，见到正面的木质照壁树有隶书体的《前言》，简要介绍了林纾的生平及其在中国翻译界及在中国近代文学史上的地位和贡献。

进得屋内，发现只有一位老年女管理员，没有其他游人。林纾的故居为四进三开间建筑。进入正门后为一天井，天井摆放着两排花盆，种植着绿色植物。因为没有开灯，正厅显得昏暗，左右两边的立柱上刻有一副对联，上联是：亚非欧美风情任纵横寻绎，下联是：史杜庄骚真髓供次第蒐求。穿过天井，即为故居的正厅。厅内正面靠墙处设有长条仿明清案桌与方桌，案桌上方悬挂有一幅林纾的画像，左右为黑底阴刻鎏金对联一对。厅堂高而敞亮，横梁处挂有一对花灯。我仔细端详林纾老年的半身画像，他着对襟长衫，戴一顶帽子，面相清瘦，手捻白须，立于一棵树下，古朴庄重。左厢房是林纾出生的房间，现在陈列着林纾与妻儿照片、书橱、衣橱、林纾生前用过的笔筒墨盒、床和衣架。右厢房和二楼展出林纾生平事迹、主要译著和著作《巴黎茶花女遗事》《闽中新乐府》等，看过的《左传》和《钦定后汉书》等书。

  我从左边的楼梯上去参观，室内同样昏暗，加上没有空调和风扇，特别闷热，空气中还有一股淡淡的霉味。我找到电灯开关打开灯，方能看清室内布置，原来是一个展室，为主介绍林纾绘画，有引言、导言、师承渊源、画学理念、畏天循分质朴家风、悠悠百年自有辩者和结束语等几个部分。完整地介绍了先生在绘画方面的成就。参观完这个部分，我从后面绕到另一边，这个展室完整呈现了先生的一生的事迹，在林纾生平部分，介绍了林纾从出生到去世一生重要时间节点的事迹，对应三张林纾少年、中年和老年的照片。在寒门弟子部分，包括"启蒙光阴 家境清贫""青年时期 勤奋好学""绝意仕途 伤时忧国"等，为主介绍了林纾的出生、出身、求学、求仕等丰富的人生经历。在译坛泰斗部分，包括"口译笔书、翻译奇才""等身译作 爱国之心"两大部分，为主介绍了林纾译介外国小说到中国的事迹。每个展室都设有玻璃柜子，陈列着一些与林纾的著作、有关的书卷和实物，展板上穿插几幅清末福州的图片，弥足珍贵。通过参观，可以详细了解在那个动荡的年代，林纾所历经的人生大事、思想历程与非凡成就，让我对林纾的一生有了更全面的了解。

  参观完毕，我步出林纾故居，站在故居边上那片公共区域，那里有一座红柱灰瓦的四角方亭，亭上书有"莲宅"二字，四个柱子上的楹联书为"莲香九牧家声远，宅雅三山世泽长""朝廷邦国启后大昌，忠贞绍世孝友传家"。我想，对联之所以这样写，

林纾：苍霞精舍的投影

可能与林纾家族有关。亭内和亭前左右空地，放置石桌石凳，可供小区居民休憩。亭前四周，植有四五棵大榕树，看上去似百年老树，根深叶茂盛。正是夏日时分，浓荫蔽日，微风吹来，十分凉爽宜人。想来这里已成为村中居民日常休憩交流的场所。正对这亭子，林纾故居有一扇侧门与这片区域相通——据说当年除非有达官贵人到访，故居大门常闭，平常只从此出入。

时正是下午四点多钟，亭子四周空寂无人，或许到了晚间，这里将成为小区居民纳凉聊天的处所。他们是否意识到这里曾经生活过那个著作等身、译界奇才的历史人物？而今，林纾的后人散居北方各地，在福州已经没有他的后人——林纾去世后，终得叶落归根，其墓位于福州北郊新店乡过溪村白鸽垅——不禁令人嘘唏。我正感慨，突然发现来了一个中年男人，走过去与他攀谈几句，发现他只是一个莲宅新村里的租户，在这里仅居住两年多。问他是否知道林纾故居的情况，中年人几乎一无所知。我心下遗憾，后来又释怀：斗转星移，时光流水，整座城市有多少人知道林纾这个名字？有多少人了解林纾的一生？又有多少人到过林纾故居？又有多少人知道 2006 年林纾故居被评定为市爱国主义教育基地？

盐商之子

林纾一生的幸与不幸终归离不开晚清和民国那段风云际会、

急剧变化与动荡的社会背景。他的生平事迹充斥于无数故纸堆里：林纾（1852年11月8日—1924年10月9日），中国近代文学家、翻译家，字琴南，号畏庐，别署冷红生，晚称蠡叟、践卓翁、六桥补柳翁、春觉斋主人。室名春觉斋、烟云楼等。一个土生土长的福州人。只是他这个福州人却是一个盐商的儿子。

我的脑际里有这样一幅咸丰年间福州城的风俗画面：福州街头店铺鳞次栉比，精美的"福州三宝"随处可见；有小商贩沿街叫卖，行人熙攘接踵，不时有轿子穿过密集的人群。街上的行人大多拖着一条油亮的辫子，身穿长袍马褂；有的把细小枯槁的发辫缠在头上，齐腰系着又宽又紧的腰带。自1848年鸦片战争后，福州被辟为通商口岸以来，偶尔也有几个金发碧眼的洋人，拄着文明棍，登着高筒靴，分开人流，雄鸡似的昂首而过。

1852年，又是一个不太平的年份——这一年，太平军仍与清军在长沙等地激战，东南诸省震动。正是这年11月8日，福州府闽县玉尺山下光禄坊，盐商林国铨家的第一个孩子出生，他就是林纾。乱世中出生的林纾，幸运地赶上了林家迁入福州以来家境最好的时候。因为，林纾的始祖自南京迁徙入福州，在福州城外莲塘定居，一连九代都是贫苦农民，直到他父亲因一个偶然机会成为盐商，经过数年工夫，积聚了一笔钱财，在城内玉尺山典到一所房屋，家况一度有所好转，可惜好景不长，好日子也仅维持10余年的时光，在林纾5岁那年，父亲运盐途盐船触礁沉没，父亲虽死里逃生，可林家已倾家荡产。后几经折腾起落，尝尽人

林纾：苍霞精舍的投影

★ 林纾生平简介之一　　　　　　　　林纾故居（摄）

间悲欢，因此，这个在飘摇中挣扎的盐商家庭带给林纾的，是一个穷困而敏感的童年，他有过在社会底层真实生活的体验，对人间疾苦有切肤之痛，这或许为他之后的愤世嫉俗和乐善好施的人格养成埋下了伏笔，投下了教育启蒙的种子。

科举不第

作为同为读书人的晚生，我以为林纾后来兴学创办"苍霞精舍"，并非仅仅是后人所认为的"接触到许多西方新思想、新文化，看到国内旧式教育制度存在的诸多弊病，深感实施教育改革的急迫"。而在于先生本身就是一个具有"传道解惑"本能和条件的读书人，他是要将所学传授给一代年轻人，这与他后来译介西方小说到中国的动机如出一辙。

因为家里穷，幼年的林纾被寄养在福州龙山巷的外祖家。林纾的母亲陈蓉出身于书香门第，是太学生陈元培的女儿，外祖母知书明义，她对外孙林纾虽疼爱却也严格，家教颇有心得。

林纾幼时即嗜学，5岁那年，外祖母开始教他读书识字，启蒙课本是《孝经》；林纾7岁时被送入私塾，11岁开始跟着一位叫薛锡极的老师学习古文，渐渐对阅读古诗文的兴趣倍增。为了找书读，他找到叔父的书橱，书橱里有一本《史记》让他爱不释手，遗憾的是书橱那几本书根本不够他读，于是，林纾开始省下母亲给他的零花钱，放学时，用这钱到旧书摊上淘一些零星不全的子史书籍。从11岁至16岁，林纾积下来的书竟然有满满三橱，可见林纾爱书如命。

林纾读书勤勉，好学上进，特别是擅长写八股文。他念书十分刻苦用功，相传林纾曾在自家墙壁上画了一口棺材，旁边写上"读书则生，不则入棺"。对着此字画，殚精竭虑、日夜苦读，弱冠之年已校阅残烂古籍不下两千余卷。清同治十年（1871），林纾开始在村塾当教书先生，"教蒙童养家糊口"。光绪五年（1879），林纾入县学，三年后即光绪八年（1882）考中举人。这一年，林纾结识李宗言、李宗祎兄弟，李家藏书有三四万卷，不到几年时间，林纾就把这些书全都借看过了。以我的读书经验来看，不能不说，通过大量的古籍阅读，为林纾后来的翻译生涯奠定了深厚的古文基础。也是这一年，30岁的林纾在迁居东门琼河几个月后，搬往在苍霞洲所建的五间房居住。

林纾：苍霞精舍的投影

"古苍霞洲多松竹泉石之胜，有大庙山、弥陀岩、观音岩、泗洲岩、石门篯等，洲渚碧翠、近城亦郊，引人入胜，吸引不少文人雅士隐居于此。"史书上的记载一点都不夸张。明万历十八年（1590），意大利神父利玛窦在明朝内阁首辅叶向高的陪同下，游玩福州后，在《中国札记》中写道："这座城市在全国是最富足和供应最好的。它是全省的首府，非常富庶肥沃……所有田园都景色美丽，并且散发异香，因为有许多各种香花，它也点缀着种植在江河溪流畔的绿村……他们的城市大多建在河畔，可通航，城市四角有壕堑，使城市变得十分坚固。"利玛窦描述的田园风光景色应当是琼河两岸——彼时是经贸繁华胜地，景色十分美丽、寸土寸金。每到琼河畔的柔远驿开馆贸易前几日，本省和徽浙赣三省的商户蜂拥而来，住在河口一带等待开馆。而商铺、会馆自柔远驿日渐延伸到苍霞洲、上下杭一带，促进了古苍霞洲的经济繁荣。同样在明代，诞生于苍霞洲的著名诗人陈振狂在苍霞洲构筑"吸江亭"，请叶向高、闽剧儒林始祖曹学佺、福建文坛领袖徐兴公、工部侍郎董应举等相聚一起，诗酒唱和。有人这样演绎他们当时所看见的场景：当归鸟穿林，芳洲日欲斜时，夕阳把仓山的层层叠叠的翠色、高高低低的天宁寺红墙、一树一树的雪梅倒映在南台江中，江面上渔舟唱晚，万顷银波照烟村，半江晴霞。这妙笔下的苍霞洲是多么美丽多姿，堪比画中画，景中景。"苍霞晚照"因此被列入南台十景之一，因彼此隔江遥相映照，成为福州最美的风景区。

清末的苍霞洲，商贾云集、繁华无比。清代学者梁上国《苍霞晚照》赋诗曰："涨落芳洲日欲斜，半江残照烂晴霞。赤城散绮川如练，句里丹青属谢家。"苍霞洲贸易与商业市场的繁荣发展，吸引众多商贾入驻，随之人口急增，民居也日渐密集，吸引不少名人聚居到此，如清末武状元黄培松、民国书法家杨人麒等。林纾正是在此背景下，筹资在此繁华地新建五间房大宅，建成后携母亲、妻儿在此住下。因为高中举人，加上乔迁新屋，可谓双喜临门，令林纾意气风发，心情舒畅，他写下一首诗："道人种竹满霞洲，七月新凉似晚秋。记得四更凉雨过，居然披上木棉裘。"从此诗中不难看出，诗里蕴含的情绪轻松明快，不仅体现林纾在苍霞洲度夏之清爽凉快，居住环境之悠闲舒适，隐隐也可品咂出林纾内心的踌躇满志。

与当年的学子一样，林纾希望通过科举，一方面谋得一官半职，以光宗耀祖；另一方面希望改变社会现状、报效国家。为此，林纾中举之后，虽然已过而立之年，仍不辞辛苦，上京参加礼部会试。作为纪念馆的林纾故居里，林纾年谱上记载："1883年，三十二岁到京第一次参考会试，不第而归。1895年，四十四岁再次入京赴试。"另有记载，林纾曾先后七次赴京参加会试，每次都名落孙山失望而归。

要知道，当年福州学子上京参加会试，必须翻越福州北峰那条古驿道——古驿道在崇山峻岭间依山势开凿而成，路面铺着溪卵石与石块，盘行陡峻，攀山而上，直抵宦溪。由于它是古代闽都子弟进京赶考的必经之路，历年所有考上状元的福州举子都曾走过，所以后人称它为"状元岭"。遥想当年，林纾身背行囊，千里迢迢，每次都要历经千辛万苦，越过无数险阻，克服病痛，风餐露宿，饱尝孤独与寂寞，最后抵达京城，参加考试。遗憾的是，林纾每次都未能幸运金榜题名，无法衣锦还乡，光宗耀祖，只能怏怏而归，来年再一次心怀希冀，重走"状元岭"，千里跋涉，沐风栉雨，历经风霜奔赴人生的考场，这对林纾这样柔弱的读书人来说殊为不易，需要的不仅仅是体力，还需要对人生目标不懈追求的坚强毅力！七次上京会考失利，"七上春官，屡试屡败"，不仅消耗了林纾继续参加科举的热情，也让这个一身侠气的书生在科场失意的同时，看到了太多官场的黑暗与腐败，终于了绝了仕途之念。

苍霞岁月

林纾在苍霞洲前后度过了十五年悲欣交集的时光，这里留下他太多的故事与回忆。在最初的几年，林纾在苍霞洲的生活虽然谈不上富裕，日子应该还是过得自由潇洒，平时以教授孩童赚取生活费用，也少不了呼朋唤友、吟诗作画，同时用功读书准备再次上京应考。他是一个孝顺之人，"每日常举村市琐语、乡里近闻以悦母"。

从林纾现存的文字里可以发现，他对苍霞洲的环境十分熟悉，可见他不是一个大门不迈二门不出之人。在林纾晚年所写的散文《苍霞精舍后轩记》中，开篇就描写了苍霞洲的地理环境："建溪之水，直趋南港，始分二支，其一下洪山，而中洲适当水冲，洲上下联二桥，水穿桥抱洲而过，始汇于马江。苍霞洲在江南桥右偏，江水之所经也。"

晚年的林纾曾回忆苍霞旧居生活时的场景，他这样描述："洲上居民百家，咸面江而门。余家洲之北，湫隘苦水，乃谋适爽垲，即今所请苍霞精舍者。屋五楹，前轩种竹数十竿，微飔略振，秋气满于窗户，母宜人生时之所常过也；后轩则余与宜人联楹而居，其下为治庖之所。"

在他生活在苍霞洲的那些年，临水而居，江风徐徐，家中栽种翠竹，不时倾听露滴清响，闲时看云卷云舒，在林纾笔下，一幅惬意悠然的江居图铺展了开来，笔墨浓淡相宜，心情恬然怡然。

因为辟为通商口岸缘故，在相当长的时间里，古苍霞成为华洋共存的地方。在街上，迎面随时有可能走来几个金发碧眼的外国人，操一口"洋浜腔"；而与他们擦肩而过的可能是穿着长衫的当地士绅或穿着短衫的劳苦大众。他们混杂在人群里，共同生活在苍霞洲这处不大的土地上。而当时的有钱人则经常出入苍霞洲那座著名的"广裕楼"——此楼是当时福州城有名的休闲娱乐场所，日日宾客满门。据说，早年林纾也经常在"广裕楼"宴请嘉宾，曾应店家之请写过不少对联，诸如"座中人选舞征歌顾曲，谁为周都督；名下士坐花醉月称觞，孰是李翰林。""步障隔江光，

林纾：苍霞精舍的投影

正打桨人来，踏歌声起；锦屏锁春色，看舞衿翠浅，腻烛红深。"他的诗中还提及"银元里"，乃光绪三十二年秋间，乡绅林炳章和商人合资开设的苍霞洲银元南局。

不知是哪一年，一位叫潘祖錦的文人，在他的《南台坊巷竹枝词》中写道："苍霞晚照满江红，精舍双轩迹早空。银币厂存银元里，沿洲抛网尽渔翁。"诗中提及的"精舍"就是林纾的私宅。潘姓作者的事迹遍寻不见，不知道是何方人士，但诗中写道"精舍双轩迹早空"，不禁令我想到，这时的精舍已经破落，不复当年的苍霞精舍时期的热闹与喧嚣。

如今，广裕楼无处寻踪，银元南局消失不见。历史的脚步滚滚向前，将许多事物埋葬在时间深处，那些不曾存留于文字或图片的事物早已被归入烟尘，如不息的闽江之水，带走所有留不下来的东西。而"苍霞精舍"几经变迁，并未"迹早空"，存续下来重新修复的建筑变成了现在的"龙学书院"。

精舍诞生

林纾直到已过不惑之年，抱持一腔读书救国之心，对科举仍不死心，在他43岁那年（1895）再次赶京参加会试，仍不及第，对科举这才最后死心。虽然在科举上郁郁不得志，但林纾仍然关心着世界形势，认为中国要富强，必须学习西方。赋闲在家时，他到处搜集各种西洋译本，学习西方思想与文化。接触到许多新思想、新文化之后，林纾深感国内老式教育制度存在诸多弊病，及实施教育改革的急迫性。

1896年，林纾带着家人搬离了苍霞旧居，在下杭街天王巷安置新家。至此，林家长居15年的苍霞旧宅空置了出来，林纾与当时回闽奔丧的邮传部尚书陈璧、农工商部员外郎力钧、奉天河北道孙葆瑨等几位旧友讨论良久，决定在林家苍霞旧舍处创办一所新学堂——"苍霞精舍"，开启西式教育经验融合第一步，实现"西为中用"。

1896年正处于晚清时期，腐朽的清政府风雨飘摇，内外交困，苟延残喘。这一年，世界上发生了许多大事：国际上，德国维尔茨堡大学物理学教授伦琴宣布他发现了X射线，某种程度上改变了世界的面貌，并使伦琴获得了1901年的诺贝尔首次物理学奖；雅典奥运会在希腊雅典举行；亨利·福特制造出第一辆汽油机车福特一号车；首届"卡耐基国际展"由当时最著名的工业家——安德鲁·卡耐基于创办于美国宾夕法尼亚州的匹兹堡；犹他州成为美国第45个州。在中国，康有为在上海创办《强学报》，吸收同仁，鼓吹维新变法主张；盛宣怀创办南洋公学，为今上海交通大学、西安交通大学、新竹交通大学、西南交通大学前身，是民国交通大学的源头之一；林纾的同乡严复在天津译著了《天演论》。而两年前，中日爆发的甲午战争，战争的余温波仍未平息，社会处于极大的动荡之中。

就是在这样的背景下，"苍霞精舍"应时应运而生，成为福

林纾：苍霞精舍的投影

州最早的新学堂之一。它是林纾践行所学的载体，是报效国家的途径，是培养人才的摇篮，是他无私的奉献。"苍霞精舍"是林纾践行其教育理念的地方，吸取了"中学为体，西学为用"的思想，教育方法与旧私塾差异较大，教学内容中西结合，除开传统经史等课程外，还新开设了数学、英文、历史、地理、时务等西式课程。林纾后来在《苍霞精舍后轩记》一文中写道："聚生徒，课西学，延余讲《毛诗》《史记》，授诸生古文，间五日一至……""学生晨受英文及算学，日中温经，逾午治通鉴，迨夜燃烛复治算学。"作为"苍霞精舍"创办人之一的林纾亲自担任中学堂汉文总教习，主要向学子们教授《毛诗》和《史记》等传统的经史类典籍，他以浓厚的古文功底，兼职教导古文写作课程。

据记载，林纾办学时注重"品学兼优"，他十分注重培养学生的思想品行，要求学生树立爱国之志，顾"全局"而无"私意"，做事要"勤"，行为要"诚"，交友要"信"；指导学生学西学但不偏废国学，主张文白并存，反对废除文言——这一理念成为日后他在北京被视为顽固的复古派人物，受到当时包括胡适、李大钊、鲁迅等许多知名的"新派"人物的攻讦，甚至在新近上映的电视连续剧《觉醒年代》里，林纾被描写成一个冥顽不化、坚持复古的悲剧性人物。因为他的人生经历和保守思想，有人认为林纾的一生充满矛盾，特别是因为他从1913年到1924年坚持每年拜谒清陵，因此被鄙称为"满清遗老"。

毋庸讳言，林纾一生热心于教育事业，创办"苍霞精舍"并因时施教，"倡新学，学西学"，提出了许多有进步意义的教育主张，影响深远。有学者评价，清朝戊戌变法之前，在东南一隅的福州，"苍霞精舍"这一由民间兴办的洋式学堂，无疑具有卓越的眼光和见识，它的建立及其影响的辐射力，不仅对福建，乃至对当时全国教育制度的改革，都发挥了启蒙和推动的作用。

林纾重视教育还体现在他对子女的教育上。据林纾后人回忆，林纾很关心子女们的学习，林纾的儿子林璐在青岛上学期间，林纾每个月都会给他去两封信询问学习和身体状况。林纾最喜欢他那个似乎传承他古文功底、文言文很好的四儿子林琮，并把希望全部寄托在林琮的身上，在遗嘱里将所有藏书都留给林琮。林纾的另一个后人回忆说，"祖父是个很奇怪的人，他不允许家里买房买地，怕子女会依靠长辈的房产，不能自立，不爱念书。所以，他把钱都存在了商务印书馆，全部留下来给子孙念书。我们小时候念小学的学费还是祖父当时存下的稿费。"

林纾是一个爱国之人。此处只援引一个例子：中日《马关条约》签订之后，林纾响应"国人纷纷言变法、言救国"的维新呼声。1897年，林纾愤然写下《国仇》一诗："我念国仇泣成血，敢有妄言天地灭。"表达了他希望清朝当局抵御外侮，伸张国威的心愿。林纾还专门印行了自己的白话新诗集《闽中新乐府》，对清统治者昏庸误国招致亡国灭种心怀忧虑，这部诗集以自由活泼的歌谣形式，倾吐了中华民族愤怒反抗的心声，鞭挞了种种丑恶、畸形的社会痼疾，表达了锐意革新的勇气和热情。

林纾：苍霞精舍的投影

精舍遗址

2022年9月1日这天下午，我参观完林纾故居后，又驱车前往龙学书院，寻访当年"苍霞精舍"遗迹。"苍霞精舍"老屋也曾是林纾故居，又是百余年前我国早期新式学堂旧址，翻看福建理工大学校史介绍，其对"苍霞精舍"的描述是"清末东南沿海首创的新式学堂"。

《海峡都市报》2015年6月的一天报道：近日，福建理工大学已证实，福州江滨西大道130号历史建筑，就是一度被认为已消失的学院前身"苍霞精舍"旧址。现在，台江区政府已对这座古厝进行保护，下一步将和多家单位，共同把这栋林纾故居及"苍霞精舍"复原建成一处历史文

★ 原苍霞精舍遗址，现为龙学书院。拍摄于江滨西大道130号

★ 原苍霞精舍遗址一角。拍摄于江滨西大道130号

化景点。报道还附上几张照片,内容包括苍霞精舍旧址和20世纪90年代苍霞洲扩建为江滨大道前,"苍霞精舍"旧址的沿街门面。报道这样描述:记者来到江滨西大道130号,古厝大门已闭,有保安在门前值守。从附近高楼可见,古厝屋顶已被掀开,但仍有两进结构被保留了下来。报道中还详细叙述了"苍霞精舍"旧址的确认过程,以及得以获得保护的过程。报道最后介绍,经省文物局和市规划设计研究院等多单位组成的调查组调查,江滨西大

林纾：苍霞精舍的投影

道130号原为三进厝，占地面积上千平方米，如今尚存六七百平方米。

"苍霞精舍"曾经面临全部灭失的危险，庆幸的是三进存两进，有三分之二得以保全，在我看来，可谓不幸中的大幸。因此，当我停好车，从新建的青年会广场通过横跨江滨西大道那座簇新的红砖青年桥，下桥右拐没多远就来到龙学书院。只见不大的正门口堆放着纸箱、椅子等一大堆杂七杂八的东西，一问知道是从里面往外搬，估计清空某个房间重新装修。大门上方新筑的门披下悬挂着一块牌匾，上书"龙学书院"。边上挂一块蓝底白字的门牌"江滨西大道130"，并排还挂着一块深色的牌，有"苍霞精舍"字样，上有中英文简介，字数不多，也不是太明显。上方是一块统一的"福州市历史建筑"标识牌，这两块牌子边上还挂着另外一块竖长的招牌：省茶产业专业委员会福州工作站。白色的墙面上因沾上泥垢看上去有点脏，往高处看可以看到翘脊一样的隔墙上精美的图案。中门位置立着一块标板，上有"国学大堂"四字，左下角书有"易经、茶道、香道、酒韵"。我从右侧绕行，发现边上还立着一块易拉宝，上书"大众茶馆"，下有太极图形的二维码。果然看到庭院天井里摆放着竹制桌椅，有两桌客人在泡茶。因为天热的缘故，天井上方拉起一块巨大的迷彩遮阳布。大厅上摆放着两排宽大的桌椅，看上去可以供培训古琴之用——我注意到院子里立有一块古琴培训的广告招贴。正厅应是整座建筑最重要的部分，我环顾四周，发现与林纾有关的物件只有墙上挂着的

《名人与台江》

一幅"苍霞精舍"简介,不见其他物品。我开玩笑地问跟随在旁边的服务员:"苍霞精舍里,为什么林纾的东西这么少?"我知道自己是拿此处与刚刚参观过的林纾故居作比较了。服务员只是淡淡一笑,说:"我也不知道。"是啊,这个年轻姑娘似刚刚步出校门,不谙世事,对林纾她又能知道什么呢?

我从大厅往后面走去,这原来应该是宅子的第三进,现在变成了二进。这里也有一个小天井,左右楼梯通往二楼,都是木质结构。一个经理模样的女人告诉我,这后面这个部分保持了当年苍霞精舍的结构,只是进行修复,修旧如旧。现在二楼辟为茶室包厢,因为天热没有空调,暂时不对外开放。

我看过一张这里面临被拆时的照片,屋顶被开了"天窗",瓦片已被清空,留下一些檩子躺在屋顶,那是苍霞精舍面临消亡的模样,如今已经全部被做旧的木材修好,无疑是值得后人高兴的一件事。而令我感到遗憾的是,大门口虽然仍挂有苍霞精舍的牌子,但它无疑已经被正门上方的"龙学书院"所取代,苍霞精舍的痕迹几近全无,就把它当成是苍霞精舍留下的一个空壳,当年朗朗的读书声不复闻听,它教书育人的教化功用退化至最底线的商业化,它的灵魂早已飘散在时光深处,无影无踪。

林纾这位思想开明、能文善画的近代名翻译家、教育家,或许不会想到,140余年如白驹过隙,物是人非,他那爿小厝,虽历经沧桑,但仍奇迹般地在苍霞洲留存至今。如今无论这座修复焕然一新的建筑派何用场,林纾地下有知,也会觉得庆幸。

林纾：苍霞精舍的投影

翻译先驱

1897年，林纾除了创办"苍霞精舍"，生活中却面临着难以跨过的人生困境。他在《苍霞精舍后轩记》中提道："亡妻病革，屋适易主，乃命舆至轩下，藉鞯舆中，扶掖以去。至新居，十日卒。"可见，苍霞洲虽然给林纾留下许多美好的记忆，却也成为林纾的伤心之地，因为与他共同生活了几十年的爱妻刘琼姿，在举家搬离苍霞洲没几日就因病去世，让林纾哀痛极深，回顾曾居家、办学的"苍霞精舍"，林纾在《苍霞精舍后轩记》中伤感感叹："前后二年，此轩景物已再变矣。"苍霞洲旧居留给他的最后印象是妻子被"扶掖登舆"那伤心的一瞥了。"轩后严密之处，双扉阖焉。残针一，已锈矣，和线犹注扉上，则亡妻之所遗也。"

林纾妻子逝世后，据说苍霞洲有一位妓女名叫谢蝶仙，长得十分貌美，慕林纾大名，屡次求见，林纾总是回避。后来谢蝶仙一气之下嫁作商人妇，郁郁寡欢，两三年后就去世了。此段发生于苍霞洲的凄美故事后来衍变为闽剧、越剧的经典曲目《枫落寒江》。

与林纾相伴28年的夫人刘琼姿病故后，林纾一直郁郁寡欢。无法释怀。在家人的劝说下，伤感的林纾到马江一个叫魏瀚的朋友家散心。魏瀚在马江的住所，风景宜人，可心境不佳的林纾依然闷闷不乐。有一天，他的好友、福建船政局官员、法国留学生

《名人与台江》

★ 林纾被誉为"译界泰斗"　　　　林纾故居（摄）

王寿昌来看他，竭力劝解。王寿昌为让林纾从丧妻的苦闷中解脱出来，加上很钦佩林纾的文采，有心将一本叫《茶花女》的法国文学作品让他翻译成中文，并说该书以情感人，法国巴黎倾城男女为之神魂颠倒，他想让中国人也一饱眼福。当王寿昌把自己的想法说出来时，林纾也很动心，但他不懂得外文，王寿昌说可以进行口述，由林纾写成中文译文，林纾欣然应允。

林纾的后人这样回忆他开始翻译《茶花女遗事》一书的情景：那一天，王寿昌和几位朋友，邀林纾到石鼓山散心，林纾应邀而行，就在前往石鼓山的画船上，林纾开始了他的第一部译著。当时的情景极富画面感：飘荡在闽江的一只小船上，王寿昌临窗而

林纾：苍霞精舍的投影

坐，手捧《茶花女》法文原本，一边浏览，一边口述；林纾则临桌站立，提笔展纸，泼墨挥笔，挥洒成篇。林纾他耳聪手疾，文思敏捷，经常是王寿昌刚说完一句，他就已写好一句，引来旁观的友人一片喝彩之声。没想到一天只用几个小时，记下的文字竟达6000多字。因为心境悲凉，林纾常常被故事中的主人公打动，行文也在不经意间添加了对亡妻的思念。而王寿昌也是性情中人，每次译到缠绵悱恻的情节，两人就相对而泣。

光绪二十五年（1899）夏天，昌言报馆版本的《茶花女遗事》公开发售。一时间，洛阳纸贵，风行海外。《茶花女遗事》的热卖，从某种程度上激励着林纾沿着翻译文学作品的道路继续走下去。在之后的27年光阴里，他除用犀利、恰切的文笔完成了《畏庐文集》《讽喻新乐府》《巾帼阳秋》等40余部书，成功地勾勒了中国近代社会的人生百态外，最得意的，莫过于在不谙外文的特殊情况下，与魏翰、陈家麟等曾留学海外的才子们合作翻译了180余部西洋小说，"林译丛书"风靡一时，据陈衍所著《林纾传》记载"《巴黎茶花女》小说行世，中国人见所未见，不胫走万本，两年就迭现三四版本"，这本译书的现世可谓是轰动一时。至此，林纾被公认为中国近代文坛的开山祖师及译界的泰斗，并留下了"译才并世数严林"的佳话。

"无心插柳柳成荫"，林纾机缘巧合下走入翻译的人生道路，不承想打开了一扇新世界的大门，林纾译书成就突出，一生共译书189种，其中英国作品100种、法国作品23种、美国作品16种、俄国作品10种，此外还译有西班牙、日本、希腊、挪威、比利时、瑞士等多国名著，其文笔之轻快幽默、把握之精准到位，让许多学者深受启发。可以说，林纾为中国近代翻译事业做出了卓越贡献，奠定了其"中国新文化先驱及译界之王"的地位。

精舍投影

由于"苍霞精舍"较为狭小，教学空间有限，为了适应授课需求，创办两年后的光绪二十四年（1898），"苍霞精舍"迁至乌山麓蒙泉山馆，改名绅设中西学堂。光绪三十三年（1907），改为苍霞中学堂，设铁路、电报等科。光绪三十四年（1908），迁至南台横山铺（吉祥山），铁路科改为土木科。宣统元年（1909）改为福建官立中等工业学堂。此后，历经时间考验，经多次改名、变迁甚至暂停，最终演变成今日的福建理工大学。

新中国成立前，"苍霞精舍"已华丽转身成为"福建高工"，颇具声名。办学120余年来，学校先后为社会输送了20多万各级各类人才，校友遍及海内外，在建筑、机械、电子电气等各行业做出不凡贡献，被誉为福建"建筑业的黄埔军校""机电工程师的摇篮"。著名校友众多，如近代中国著名记者和出版家邹韬奋；中国工程院院士陈一坚，系飞机设计师，FBC-1（飞豹）歼击轰炸机总设计师，中国航空工业集团有限公司科技委顾问加拿大皇家科学院院士；生物化学家、免疫化学家，中国科学院学部

林纾：苍霞精舍的投影

委员刘思职等。

秋日，我漫步在位于旗山脚下福建理工大学美丽的校园里，不知不觉走到在校园里一潭不算大的湖边，欣赏这潭美丽小湖迷人的秋色。令我没想到的是，这个湖有一个好听的名字叫苍霞湖，湖畔种植一排垂柳，如果是春天来到这里，呈现在眼前的一定是垂柳依依，一湖春色。而眼下正是秋天，垂柳仍绿，微风拂过，湖面微澜泛起，有一种寂静安详的美。

我不用猜想也知道这湖为什么叫苍霞湖，肯定是为了纪念创办"苍霞精舍"、今天福建理工大学前身的林纾，将学院里面的湖命名为苍霞湖。福建理工大学骄傲地告诉世人，它是一所具有百年历史的高校，在开篇"学校的历史沿革"部分这样写道：福建理工大学的历史可以追溯到1896年清末著名乡贤名士陈璧、孙葆瑨、力钧，著名闽绅林纾、末代帝师陈宝琛创办的"苍霞精舍"，并罗列了它的发展轨迹：

——清光绪二十二年（1896），林纾、陈宝琛、陈璧等人在福州南台苍霞洲林纾旧居（今福州市台江区苍霞洲46号，现改为江滨西大道130号）创设"苍霞精舍"。

——清光绪二十四年（1898），福州苍霞精舍迁至乌山麓蒙泉山馆，改名绅设中西学堂。

——清光绪三十三年（1907）7月，绅设中西学堂更名为公立苍霞中学堂。

福建理工大学还设有专门的校史馆，将学校的发展历史以文

《名人与台江》

字和图片的形式展示出来，作为学校重要的教育基地，每年都会组织入学新生参观校史馆，了解学校的历史沿革，激发学生刻苦学习、报效国家的热情，起到了重要的作用。这是学院不忘历史的具体表现，也是学院将"苍霞精舍"发扬光大的举措，值得称道。

有一天，我在福建理工大学公众号上读到一个帖子，没有作者署名，标题为《夏日绵长的苍霞湖畔》，我摘录几段于此，作为此文的结束语：

旗山之麓绿荫重，苍霞湖畔荷花开。走进福建理工大学，愈觉这绵绵一夏，万木葱茏，悠然惬意。

百年苍霞，历久弥新。筚路蓝缕，弦歌不辍。承历代名贤之志，育莘莘学子之识。与时代发展同步，和民族命运相连。

她从历史深处走来，首开福州近代新式教育之先河，传承百年校园文脉，不忘初心，勇毅笃行，以崭新的姿态，传前人薪火，书时代华章。

夏日绵长，邀你来旗山之麓，苍霞湖畔，绿树碧水，掩映百年风华。

如山般坚毅如铁的信念，如水般清澈明净的初心，百年苍霞在山水交融中，积历史之厚蕴，育桃李之芬芳。

2022年9月3日初稿
2023年5月5日修订

附：参考资料目录

1. 《榕城故事之苍霞晚照》，2016年第4期《福州文史》邵建晨。
2. 《半江晚照苍霞洲》（《乡愁里的福州》）孟丰敏。
3. 《翻译家林纾的矛盾人生》，2016年11月16日阿龙。
4. 《林纾创办的苍霞精舍旧址将复原重建成景点》闽南网2015-06-16海峡都市报。
5. 《夏日绵长的苍霞湖畔》，福建理工大学2022年7月24日 14:35。

《名人与台江》

胡文虎："虎王"的双杭情

赵玉明

在上下杭历史文化街区内的牛弓街，矗立着一座高约20米的白色楼房，这就是《星闽日报》社旧址。

江水滔滔，岁月更迭。曾经是福建读者最多的唯一民办报纸——《星闽日报》，它响亮的名号已淹没在历史的长河中。但提到"虎标万金油"，无论是红色的扁圆小铁盒，还是小巧的六角玻璃瓶，从20世纪二三十年代至今，一直都是家家户户的居家必备良药。

"虎标万金油""星闽日报"，创造这两个旷世奇迹的品牌者，是祖籍福建永定中川的著名侨商领袖、有"万金油大王""报业巨子""大慈善家"等称誉的胡文虎。

光阴荏苒，斗转星移。20世纪的福州城，胡文虎开设的"永安堂福州分行"和捐赠的学校、医院等，现今有些已无迹可寻。而位于中平路牛弓街的"星闽日报"旧址，在台江区委、区政府的大力推动下，修葺一新，被确定为上下杭历史文化街区名片。这个中西合璧的二进小院，白墙青瓦，素朴典雅。如今，没有人

胡文虎:"虎王"的双杭情

潮人海车马喧闹,没有雄心壮志山河入梦,没有如椽之笔激扬文字,没有锦绣文章胸怀家国。"星闽日报"曾经熠熠生辉的峥嵘岁月,纵然时光的尘埃一层层剥落,历经百年风云沧桑沉淀,依然是最初的铮铮风骨。它像一位世纪老人,把流年光影装进历史的记忆,褪却繁华,安静地端坐于闽江之畔,见证胡文虎赤诚的爱国情怀,印证胡文虎与福州的一段传世佳话。

乡情故里 少年归乡苦读

1882年1月16日,缅甸首都仰光广东大街的一条小巷,一座三层楼房里。"哇、哇……"传来一声婴儿响亮的哭声,胡家的第二个小生命呱呱坠地。胡子钦和李金碧这对恩爱夫妻,终于再度喜得贵子。

谁又能想到,这个新生的普通婴孩,他的一生成就了南洋首富的霸业。

胡子钦祖籍福建永定,客家人。本在永定中川村拥有一间生意不薄的药铺,因战乱致民不聊生,盗匪滋生,蒙面盗贼闯进胡子钦的家,把他多年心血所积攒的家业财产洗劫一空。

为了寻找生路,悲愤的胡子钦两手空空,从中川启程,辗转至海上,往南航行3个月,到达缅甸仰光。求业无门的胡子钦,只得重操旧业,凭借在故乡学得的精湛医术和良好的医德,在仰光开了一家药铺——永安堂药铺。

《名人与台江》

　　胡子钦和李金碧的第一个孩子胡文龙，幼年不幸生病夭折。对于第二个孩子，特别寄予厚望。夫妻俩既盼着孩子健康茁壮成长，不要像兄长胡文龙一样过早夭折，又盼望孩子博学多才，文武双全。因此，给孩子起名"胡文虎"，平时亲昵地叫他"阿虎"。

　　阿虎果然不负众望。小小年纪，像小尾巴一样跟着父亲到药铺，一待就是一整天。胡子钦给人看病、抓药，阿虎就在旁边看着。空闲时，甚至与父亲玩起抓药的游戏。阿虎拿着小小的药秤，右手提秤杆，左手赶秤砣，有模有样地报着药名："金银花9克、连翘5克、薄荷……"

　　一不小心，秤砣坠下，砸在阿虎的脚上，痛得他哭喊着："哇，阿妈啊，好疼……"

　　胡子钦和李金碧也笑了起来。他们爱怜地看着聪慧伶俐的阿虎，很是欣慰，憧憬着阿虎读书时努力用功，振兴家业。

　　或许是过于聪明，一天天长大的阿虎，性格却越来越散漫，不愿意勤奋用功读书。到了10岁的时候，阿虎常常迟到早退，甚至逃学。有一次，阿虎抓到3只小燕子，回家用笼子关起来，藏在隐蔽处，没有及时喂养，有1只被饿死在笼子里。燕子是益鸟，捕捉乃是作恶。少时行恶，老大断难行善。胡子钦气愤地拿着竹条，高高地举起抽打胡文虎，逼他放了小燕子。

　　胡子钦的生意一天比一天好，照顾胡文虎学业的时间也越来越少。"少壮不努力，老大徒伤悲"，胡子钦夫妇深知此中道理，决定将调皮的阿虎送回故乡福建的父亲家里，接受中式教育，将

胡文虎："虎王"的双杭情

文豹留在身边自己照顾。

踏上回乡的旅程，轮船航行在无涯的海面。眺望碧蓝的大海，胡子钦感慨万千。回想起自己在故乡童年无衣无食，成年后孤身一人闯南洋，在仰光街头走街串巷叫卖草药……半生苦难，才有温饱。航行在茫茫大海上，日复一日，枯燥和寂寥的时光里，他便把过往这些艰难的经历讲给阿虎听。阿虎听了父亲含泪的讲述深受触动，似乎突然懂事了许多，对父亲保证一定要在故乡好好读书，不让父母失望。

阿虎回到中川，与祖父一起居住，在村里的私塾读书，确实安分了一段时日。但《四书》《五经》这些文章，在胡文虎的心中觉得单调乏味。祖父年事已高，对阿虎的管教也是有心无力，阿虎又开始翻墙头逃学。

回到中川的第二年，伯父将胡文虎从祖父那里接到身边照顾。这年刚好遇上荒年，胡文虎目睹了父亲所说的凄惨景象。从小未曾挨饿的阿虎，第一次见到有人饿倒在地，瑟瑟发抖，甚至有人卖儿卖女，只为了换点活命的粮食。阿虎看在眼里急在心里，只恨自己帮不上乡亲们。

有一天早上，阿虎去私塾的路上，见到一个饿极的乞丐，翻墙到一家邻居院内，偷吃晾晒的菜干，被回家的主人看见，主人抓起一根木棍正要打过去，阿虎冲进院内，上前劝阻。

躺在地上的乞丐，有气无力地挣扎许久，才站起来，摇摇晃晃地走出院门。

《名人与台江》

邻居看着瘦弱的乞丐，心生怜惜。无可奈何地垂下木棍，气急败坏地吼道："我这菜干也是救命的粮食，你偷吃了，我一家老小就得挨饿，你说你让我怎么办啊……"

又见小小的胡文虎冲进来讲情，邻居喊道："你倒是心善，你不让我赶他，你去给我买点米来！"

阿虎愣了半天，憋红了脸："等我长大了要回南洋去，找我爹发财，到时候我给你买一仓米！"

邻居心烦意乱，怎么可能相信一个小孩子的话，没好气地说："乳臭未干的小毛孩，你用什么发财，谁能相信你会发财……"

这件事深深地刺痛了胡文虎幼小的心灵，也深深地激励着他。自此，胡文虎不再逃学，常常读书到深夜。他不光念私塾教的《四书》《五经》，还酷爱《水浒传》《三国演义》等经典名著，常常废寝忘食地阅读。在中川，胡文虎所看的书中，他最敬佩"孝义黑三郎"宋江，将他树为人生榜样。希望有朝一日也能像宋江一样，兼济天下，让故乡贫穷的乡亲能过上吃饱穿暖的好日子。由于父亲从医，从小耳濡目染，胡文虎也会用心地读一些中医书籍，研读熟记中医书的药方。

有一次上课，先生手里举着方尺，叫胡文虎背书。先生料阿虎背不出来，手里的方尺随时都要打下来。没想到的是胡文虎却琅琅有声，把一篇课文背得一字不错。先生大喜道："文虎，你总算开了窍。你如是真肯读书，没谁能比得过你。"

胡文虎："虎王"的双杭情

那天中午，先生留胡文虎同他一道吃"饭袋饭"。客家山村生活艰苦，一日三顿吃的稀饭汤，能吃上干稠的"饭袋饭"，无疑是极高的奖赏。

在中川，胡文虎想念父母和弟弟，想念永安堂的生活。分别是为了更好地完成学业，分别是为了全面的成长，分别是为了全家的团聚。4年后的1896年，胡文虎辞别故乡中川，回到缅甸仰光父母的身边。

胡子钦夫妇见到阿虎一改从前的纨绔，成长为一个壮实坚强、勤奋读书的翩翩少年，深感当初的决定无比正确。而胡文虎与父母兄弟团聚，内心满是欢喜快乐，更是默默在心里立下目标：把永安堂的事业发扬光大。这不仅是一家人的生活依靠，也是造福乡亲的唯一依靠。故乡那个偷吃菜干的乞丐，他摇摇晃晃地走出院门的身影，一直都烙刻在阿虎小小的脑海。他一定要发展永安堂，帮助这些苦难的乡亲。

回到仰光后，胡文虎每天清晨5点起床，打扫店面，整理药材，帮父亲料理药店的事务。父亲为病人配方抓药，他都认真地在一边细看。无论父亲配什么方，抓什么药，阿虎都仔细观察，铭记在心，暗暗琢磨其中的配伍技巧。空闲的时候，胡文虎深读医书，研究中药学和西药学理论，常常学习到深夜。

胡子钦看在眼里喜在心头。尽管如此，他对胡文虎的管教还是十分严格。胡子钦除了在药店对胡文虎把脉抓药进行实际指导，还带胡文虎入户为不能行动的病人诊治。胡子钦甚至为了教胡文虎认识中草药，还带他翻山越岭，到山野里采集中草药，不但加深了胡文虎对草药的准确认识，还降低了永安堂药店药材的成本。

胡子钦悉心传授，胡文虎潜心钻研。没过多久，胡文虎就能独自背着药箱，走出仰光广东街644号的永安堂，上门为病人把脉问诊了。

虎虎生威 青年艰苦创业

那几年，胡子钦带着儿子文虎、文豹，把永安堂的生意做得顺风顺水。

天有不测风云。1908年，胡子钦突然身患重病，卧床不起。临终前，胡文虎跪在床边，捧着父亲的手，泣不成声。

胡子钦气若游丝，一字一句地嘱咐胡文虎："阿虎，阿爸气数已到，你……你一定要与弟弟……同心协力，把永安堂……发扬光大……"胡子钦断断续续地交代完后事，就再也没有睁开眼睛。

纵有万般不舍，人生终有一别。胡文虎这几年跟随父亲，医术上虽然可以独当一面，但内心依然有些不安和惶恐。胡文虎安葬了父亲后，开始盘点永安堂的生意——给父亲看病不但花费了巨款，还拖欠香港供应商的货款。

胡文虎深知，做生意诚信为本，虽然眼下永安堂经济困难，但所欠货款不能再拖。他与弟弟胡文豹商量，决定由他将永安堂所剩现款换成港币，独自前往香港，胡文豹则留在药店打理生意。

胡文虎:"虎王"的双杭情

香港的药材供货商得知胡子钦去世的消息后,本以为收款无望,胡文虎的到来让他们吃了定心丸。别看胡文虎年轻,却做事成熟。胡文虎到香港后,一家一家地拜访供货商,当面将父亲生前欠下的货款全部还清。供货商见胡家如此守信,又让胡文虎带回了大批药材。这批药材,充实了永安堂药铺,也让永安堂的生意逐渐好转起来,胡文虎总算松了一口气。

胡文虎的骨子里,遗传了父亲客家人吃苦耐劳的性格。为了降低药材成本,减轻病人的负担,更好地拓展永安堂的生意,胡文虎四处奔走,采购便宜药材,甚至还带上干粮,独自沿着父亲生前带他走过的采药路线,多次登上缅甸的阿拉干山采集草药,使永安堂的草药价格降到仰光最低。兄弟齐心,其利断金。胡文虎、胡文豹兄弟俩依靠自己的打拼,永安堂的生意恢复到鼎盛时期的状态。

然而,世事难料。20世纪初,西方工业发达,生产的西药畅销南洋。人们发烧感冒,只需服用几片阿斯匹林即可康愈,省去了买草药煎熬的繁琐。西药的冲击,让永安堂的生意一天不如一天。这并非兄弟俩经营不力,而是国际大形势使然。

虽然胡文虎和弟弟绞尽脑汁,想扭转局面,但在时代洪流的浪潮中,永安堂药店的生意几乎呈断崖式下滑。那时,药铺的生存非常艰难,胡文虎母子3人忧心忡忡,不知路在何方?

一个人要经历多少磨难,才可以成就传奇一生?迫于生计,胡文虎甚至重蹈覆辙,像父亲胡子钦刚到仰光时一样,肩挑药担走街串巷叫卖。盛夏的仰光,犹如一个巨大的花园。街道两边,腊肠树挂着一串串明黄的腊肠花,高大的杧果树缀满或青或黄的杧果;花圃里粉色的夹竹桃,金灿灿的黄蝉花,还有红黄交织的国花龙船花,处处姹紫嫣红,花团锦簇,可挑着沉重药箱的胡文虎,哪有心思欣赏这美丽的街景?烈日炎炎,太阳如巨大的火球炙烤着地面。胡文虎戴着遮阳帽,汗水还是顺着脸颊淌到脖子。太阳也炙烤着胡文虎的心。他感觉肩头的担子越挑越沉,越挑越重。从清晨出门走到中午,一包药也没卖出去。他懊恼地坐在路边的石凳上,掏出药箱里的水壶,喝了一口水,耳畔突然想起一首童谣:

月光光,照四方,唐人街,夜茫茫。

人生就为一口气,佛爷也争一炉香;

阿妈盼我快长大,做个炎黄好儿郎。

这首童谣,是儿时在故乡中川村所学。清风徐来,童谣在胡文虎心中愈发悦耳,愈发动听。仿佛一个声音在向他召唤,温暖着他,给他力量。

胡文虎清醒了:我不能再这样沮丧,我一定要振兴永安堂,让家人过上好生活。给父母争口气,给胡氏家族争口气,给客家人争口气,给中国人和中医争口气。

他仿佛浑身有了力气,挑着担子继续赶路。

突然眼前飘起一物,定睛细看,是一个装仁丹的空药袋。胡文虎忽然得到了启发:别人生产的仁丹治疗中暑的效果好,又便于携带,销售量一直很大。永安堂要想发展,为什么就不能研制

胡文虎:"虎王"的双杭情

像仁丹一样受欢迎的新药?

胡文虎有些激动,他不卖药了,挑着药箱就回家,把自己的想法告诉母亲李金碧,可是母亲却没有点头。李金碧的生活经验比儿子丰富得多,心里很清楚研创一种新药并非易事。同时,那时永安堂的经济状况,再也经不起失败了。

胡文虎先争取到弟弟胡文豹的支持,又耐心地向母亲说明:现在永安堂的生意已经没有出路,坐吃山空总不是办法。只有下决心闯出一条新路来,才有可能让永安堂起死回生!

胡文虎与弟弟终于说服了母亲。

李金碧取出胡子钦留下的最后积蓄,含着眼泪交给了胡文虎,并叮嘱他一定要珍惜:只能成功不能失败,这是全家最后的一笔财产!

破釜沉舟,背水一战。胡文虎接过这沉甸甸的担子,开始了他艰辛的创业历程。

胡文虎外出考察了泰国、日本、香港、新加坡等地。东南亚各国人口稠密,生活贫困,且天气炎热,蚊虫叮咬,暑热病盛行。胡文虎决定了自己的选择方向——他要研制出对治疗蚊虫叮咬和暑热病有特效而又价格便宜的膏药!

胡文虎与弟弟开始了新药的研发。他们招兵买马,集思广益,在父亲"玉树神散"原料的基础上,经过反复实践,惊喜地发现,增加了山苍子、薄荷、樟脑等中药原料,会有更多的神奇功效。结合我国传统中药膏、丹、丸、散不同性状的优点,不断实验实践,终于研发出一种既能外抹、又能内服,携带方便、价钱便宜的新药。

那段时间,胡文虎因劳累过度,一天晚饭后,突然头晕目眩、恶心欲吐,正好可以试试自己新药的效果。胡文虎从药罐中挑出一些抹在额头上,片刻之后,这些症状消失了,全身舒适,精神大振,疲惫全无。胡文虎高兴地跳了起来,连忙把好消息告诉母亲和弟弟。

母亲听此消息,喜极而泣。她拍着胡文虎的肩膀,泪眼婆娑,激动地问:"阿虎,这种好药,你说该叫什么名字呢?"

胡文虎说:"阿妈,我想过了,它有这么多的治疗功能,我们就叫它'万金油'吧!"

胡文豹也赞成地说:"好!这个名字真响亮,就叫这个名字!"

母亲李金碧又说:"阿虎,商标干脆就用你的名字,'虎'牌万金油!"

时不我待。胡文虎马不停蹄地到当地政府办理注册手续,开始批量生产"虎牌万金油",并且把永安堂药铺改名为"永安堂虎豹行"。

1910年,由胡文虎主持研发的新药"虎牌万金油"就这样悄然问世。

"天将降大任于斯人也,必先苦其心志,劳其筋骨,饿其体肤。"一种新药,要得到认可,终究是要经过诸多磨难,犹如一棵幼苗,想长成参天大树,注定是要经过风雨的洗礼,要经过命运的摔打。胡文虎的命运如此,"虎牌万金油"的命运也是如此。

胡文虎:"虎王"的双杭情

胡文虎把"虎牌万金油"摆在永安堂最显眼的位置,希望顾客一眼就能看到。新药上市,母亲和弟弟极力向顾客推广。然而,摆上柜台好几天的万金油,积了一层灰尘也没卖出一盒。

不能守株待兔,要学会走出去。胡文虎继续想办法加强宣传,他让弟弟胡文豹在药铺里,自己每天用药箱装满"虎牌万金油",到同乡开的药店去推销。

每到一家药店,胡文虎苦口婆心地向店主介绍自己亲身用药的效果。胡文虎天天跑得腰酸腿痛,常常是早晨满满一箱万金油背出去,晚上满满一箱万金油背回来!有些同乡碍于情面,勉强收下一些万金油代卖,放在不起眼的位置,也不向顾客介绍。到月末,胡文虎去结账时,店主又让他把一盒都没卖的万金油拿回家。

当时正是盛夏,一些经济紧张的乡邻,患了暑热病无钱去医院治疗。胡文虎看在眼里,心中有了主意。他让弟弟文豹拿出一些万金油,免费赠送给永安堂附近的乡邻和无钱买药的穷苦人。乡邻们得到万金油,用过效果奇好,整条广东街渐渐传开了:"去买阿虎的万金油,便宜又好用!"

同时,胡文虎又从十分紧张的资金中,抽出钱来,印制了一批介绍"虎标万金油"功效的广告单,到街上张贴。为了能让乡邻一早起来,就可以在街上看到"虎标万金油"的宣传单,胡文虎每天凌晨1点起床,背着广告单和万金油试用品,提着糨糊桶,拿着油漆刷,沿着大街小巷贴宣传单,从凌晨一直贴到天亮,街道上的电线杆、绿化树、商店门上都贴着"虎标万金油"的宣传单。

用现在的术语,胡文虎就是最早贴小广告的创意者。

贴完宣传单,胡文虎也不回家。他在路边匆匆吃点早餐填饱肚子,再专门到码头工人密集的地方,免费分发宣传单和万金油。这些野外劳作的苦力民工,风吹日晒、蚊虫叮咬,是家常便饭,虽有不适,也习以为常。他们领到免费赠送的万金油,涂抹在红肿处,一阵丝丝清凉渗透皮肤,痒痛顿时消失。"虎标万金油"的神奇疗效,让整个码头沸腾了。

最好的效果是试用者的口碑,码头工人纷纷争相购买万金油。胡文虎趁机改换包装,改成小巧的圆形小铁盒,价格便宜,携带方便,一下就在码头打开销路。万金油的销量从无到有,从少到多,如朝霞冲破云层,一扫阴霾,霞光万丈。从永安堂药铺,到码头港口,"虎标万金油"的销量越来越大,如燎原之势,迅速席卷整个仰光城,席卷整个缅甸!

"虎标万金油"走红后,胡文虎不但积累了资金,也积累了

★ 虎标牌万金油

胡文虎:"虎王"的双杭情

经验,视野越来越宽广,理想越来越高远。同时,胡文虎又搜集药方进行研制改进,开发出了"八卦丹""头痛粉""清快水""止痛散"等新药,与"万金油"组成了"虎标五大良药"。

为了把"虎标万金油"推向更大的市场,1923年,胡文虎让弟弟胡文豹在仰光主持业务,自己到新加坡筹建"永安堂虎豹行总行"和"虎标万金油"制药厂。

新加坡永安堂总行成立后,为了在新加坡打开销路,也为了让更多的人能用到物美价廉的万金油,胡文虎将原来自己零散的宣传方式,整合规范,发展到报纸刊登宣传广告。两年后,报纸刊登宣传广告费用不断上涨。胡文虎思考着:与其花钱在别人的报纸上刊登广告,不如自己创办一张报纸。

1929年1月,胡文虎在新加坡创办《星洲日报》。随后,他陆续又办起了《星光日报》《星岛日报》《星华日报》《星槟日报》等近20家中、英文报纸。由此,胡文虎打造的"星系"报纸形成了一个庞大的报业集团,这在中国华侨界是独一无二的壮举。由于《星洲日报》编排新颖,内容丰富,1937年该报还被南京中山文化教育馆评为12家优秀华文报纸。"报业巨子",又成为胡文虎新的荣誉称号。

"虎标"系列五大良药,有了原来良好的口碑和坚实的销售基础,又有了自办报纸的宣传和推广,如虎添翼,市场从仰光发展到缅甸全境,又拓展到新加坡以及整个东南亚地区,最后扩张到全球。至1932年,胡文虎在65个国家和地区设立万金油销售网点，年销售量多达200亿盒。在当时，经济学家赞誉万金油："虎牌的顾客，相当于地球全人类的半数以上。"胡文虎用他的勤奋努力，用他的聪明才智，成为一代名副其实的"虎标万金油"大王。

"虎标万金油"享誉世界，如何建造一座代表性的建筑来宣传它？1935年，胡文虎突发奇想，决定在香港建造"虎豹别墅"。胡文虎选址香港铜锣湾大坑道，花1600万港元巨资建成虎豹别墅。香港虎豹别墅依山而建，红墙绿瓦的宫殿式房屋，极富中国民族特色。虎豹别墅系砖木和混凝土结构，方形，前两层、后三层，气势雄伟。后来，又将别墅外围扩建成虎豹花园。花园周围山岭枫树成林，春日漫山青翠，入秋层林红遍，美不胜收。特别是花园内的白色六角"虎塔"，塔有7层，高约50米，是香港当时唯一的中式塔楼建筑。清晨，旭日初升，万道霞光染红山林，七层白塔沐浴于灿烂晨曦之中，"虎塔朝晖"的壮丽景观，至今仍是香港新八景之一。

1937年，胡文虎又在新加坡巴西班让路旁兴建了一座"虎豹别墅"。新加坡虎豹别墅依山面海，风景优美，不但有假山石洞、亭台楼阁，还有封神榜、西游记、白蛇传等中国民间神话雕塑，由于别墅设计独到，风格新奇，引来游客甚众。

当时，华人普遍受到歧视，特别在上海租界，门口立有"华人与狗不得入内"的牌子，胡文虎知悉对此非常愤怒。当香港和新加坡"虎豹别墅"建成后，胡文虎不但免费让同胞游玩，他也在门口悬牌告示："只准华人进入！"此举为华人同胞及各地游客所称道,振奋了华人精神,鼓舞了华人志气。

胡文虎说:"爱国是我的天职。"他是这样说的,也是这样做的。

抗战时期,胡文虎为了支持抗战,捐赠了三亿件"虎标"牌系列药品。除此之外,胡文虎还在他所办的星系报上著文:"国家兴亡,人各有责,际此全面抗战之时,正吾人报国之日,有钱者出钱,有力者出力,毁家纾难,亦份所宜。"拳拳爱国之心跃然纸上。

虎豹归乡 善举回报桑梓

中川是个好地方,

东面有座马山岗,

西面有个祖公堂,

南片狮象霸水中,

北片有口大横塘。

……

中川是个好地方,

为何虎豹不归乡?

一天傍晚,年届中年的胡文虎收到一封匿名挂号信,他随手递给夫人陈金枝,让她拆开读信。陈金枝扫了一下信的内容,不禁潸然泪下,未开口,已泣不成声。

她怕自己情绪失控，只好又递给身旁的佣人刘丫头。刘丫头也是来自故乡永定中川人，看到这熟悉的歌词，情不自禁地用客家话唱了出来。

原来，这是一首流传了几百年的中川《枫坑童谣》，写信人在结尾多添加了两句。

多么熟悉的乡音。故乡的深深期盼，触动了漂泊游子的心灵，胡文虎倏忽间泪流满面，他喃喃自语："中川是个好地方，为何虎豹不归乡？……为何虎豹不归乡？"

10岁，胡文虎回中川寻祖、学习。虽只有短短四年时间，但是小小的中川村，却是胡文虎童年的故土乐园，珍珠一样藏在他最柔软的心田。听到这熟悉的儿歌，胡文虎思绪如波涛翻滚。

胡文虎起身走到窗边，眺向窗外。金色的夕阳，柔情地点染着院中的花草树木，一派静谧安然，而胡文虎的心早已飞回故乡。此刻，中川的山山水水，中川的一草一木，中川的父老乡亲，中川的儿时玩伴，穿越数十年时空隧道，穿越数千里关山迢递，呼啸而至。裹挟着温暖的回忆，裹挟着深深的牵挂，一幕幕在胡文虎脑海里回放，对中川浓烈的思念，如正在袭来的夜色，把他淹没。

中川，闽西这个秀丽的山村，钟灵毓秀，人才辈出。自胡铁缘公1420年肇基中川以来，600多个春夏秋冬，涌现出"一门五进士""三代四司马""父子进士"等奇特的文化景观。现在的中川"村民三千，侨胞二万""大学生过千，博硕生过百"。中川也被誉为"天下第一侨乡"，胡文虎是从中川村走出的"中川

胡文虎："虎王"的双杭情

六大名人"之一。

中川村里，穿村而过的小河，河水清澈见底，阿虎曾在河中摸过鱼虾；四面环绕的青山，山中珍果串串，阿虎曾在山中摘过野果；还有迷宫一样的土楼，密密集集的屋檐下，清晨孩童们的读书声，在土楼的天井里久久不散。阿虎痴迷这琅琅的读书声，这声音让他感到亲切，这声音让他立刻安静。仿佛他10岁那年，千里迢迢回故乡，就是为了寻根问祖，寻找中川和由中川散发出的脉息体征。

四载春秋冬夏，一千多个日日夜夜，故土故人故园，乡情乡音乡景，阿虎浸润其中潜移默化。中川的点点滴滴，丝丝缕缕，早已在他童年的心田深深扎根，融入生命的血液，流淌在身体的脉管里，连缀成无法割断的纽带，书写于心灵的版图。舟行天涯，纵横万里，豪气干云，胡文虎的根依然在中川，依然在中川这个山清水秀的山村。

胡文虎在窗台站立了许久。少小离家，一路风尘仆仆而来，一路披荆斩棘而行，到今天一路凯歌高奏，到今天成就一方辉煌……是故乡的乳汁强健了我的体魄，是中川的文脉滋养了我的心灵，我却把故乡遗忘在路上，把乳名丢失在路上。思想至此，胡文虎不胜愧赧：树高千尺也忘不了根，我的根在中川，虎豹怎能不归乡？

胡文虎走进书房，提笔回信：

中川是个好地方，

东面有座马山岗，

西面有个祖公堂，

南片狮象霸水中，

北片有口大横塘，

……

中川是个好地方，

虎豹怎能不归乡？

故乡的风，捎来故乡的呼唤。胡文虎这个在异乡高高翱翔的风筝，被乡亲们手中的线轻轻一拉，虽远在天涯，却心心相连。

彼时，胡文虎在新加坡设立虎标永安堂总行和制药厂，万金油的销量多达200亿盒，他想到，何不回故乡拓展业务？

1934年，胡文虎开通了福建业务，在省会福州开设永安堂福州分行。店铺选址在上下杭的中平路口（原台江万寿桥桥头一号），与百龄百货公司望衡对宇，地理位置优越。那时的上下杭，商贾云集、经济繁荣，有诗"城南十里沙为岸，鳞次千家拥钓台"形象地描绘了上下杭的繁华景象。

上下杭，亦称"双杭"。"杭"，从"航"音衍化而来，即码头。早在明清时期，上下杭是福州的商业中心和航运码头，这里遍布药行、布行、颜料行、茶楼、酒肆，多达200多家。到了民国时期，又开设了洋行、银行、邮局、保险公司……一时物阜繁盛，有着"百货随潮船入市，万家沽酒户垂帘"的盛况。"永安堂福州分行"选址于此，是胡文虎对双杭的青睐，既说明上下杭当时的繁荣，

胡文虎:"虎王"的双杭情

也说明胡文虎有智慧的思考和过人的眼光。

胡文虎任命胡兆祥为首任经理。胡兆祥也是中川村的杰出人物,学识渊博,心系家国。抗日战争时期,曾向海外华侨劝募抗日公债,曾出任福建省政府顾问。后因工作繁忙,由胡家族人胡梦洲任永安堂福州分行总经理。胡梦洲也极富经商才能,为了扩大"虎标"万金油在福州的销量,他雇请鸭姆洲的一名叫湾九的本地人,到街头进行宣传。湾九把万金油编成顺口溜:

"万金油,万金油,

虎标一声吼,醒脑又提神;

万金油,万金油,

虎标一声吼,蚊虫全没有……"

为了取得最好的宣传效果,湾九每天刻意打扮一番:头戴一顶白色船形帽,身背"虎标万金油"货箱,右手拿着铁皮制的扩音筒,从中平路口出发,一路走一路唱。他声音洪亮如钟,用福州话的腔调,抑扬顿挫,诙谐幽默,从街头可传到街尾。有时,湾九身后还会跟着一群小孩帮忙吆喝,惹得路人无不驻足观看,宣传效果非常火爆。湾九身怀踩高跷翻跟斗的绝活,为了把宣传推向高潮,他常常于下午四五点街上最热闹时,在永安堂门口表演踩高跷翻跟斗,非常吸人眼球。每次表演,观众里三层外三层挤得水泄不通。为了配合湾九的表演,永安堂还举办抽奖活动,拿出万金油分发给围观者。或许这就是最早的现场直播带货。这种生动活泼的宣传形式,在双杭形成了一道独特亮丽的风景。

《名人与台江》

永安堂福州分行开设不久，因独特的宣传方式，加之携带方便、价格适宜，且病痛疗效显著，"虎标万金油"在福州家喻户晓，深得榕城乡亲喜爱。永安堂药铺里，常常人头攒动，摩肩接踵，"虎标万金油"供不应求，竟卖到断货。

远在南洋的胡文虎接此喜讯，一方面指示福州分行坚持"薄利普售，方便贫病"，不能随意涨价，一方面调度其他地区的货源，稳定市场。胡文虎身在南洋，心系福州，很快筹措到货物，胡文虎亲自携带万金油，马不停蹄地赶往福州，迅速扭转了福州分行万金油供不应求的局面。

在福州，胡文虎为上下杭的繁华而惊叹。苍翠葳蕤的榕树，洁白芬芳的茉莉，油纸伞、牛角梳，鱼丸线面太平燕……这些熟悉的景与物，虽与永定中川相距数百里，却依然倍感亲切和温暖。

胡文虎行走在福州街头，他完全没有"虎王""报王"的架子，更像一个穿着稍为讲究的普通商人。他会蹲下身与路边的菜农聊天，也会去万寿桥头（今解放大桥）的"南星"澡堂泡温泉。在澡堂的汤池里，在热气袅袅的蒸腾中，胡文虎会请人搓背，也会与汤友侃大山。回到家乡的怀抱，洗却一路风尘，放松疲惫的身心，回归简单而朴素的生活。在上下杭，胡文虎既有生意场上的来去匆匆，又有回归故乡的悠然自得。来回往返之间，胡文虎尽情地享受着还乡的欢喜与快乐。

胡文虎对上下杭特别偏爱，每次回到国内，他只要有空都要到上下杭走一走，住一住。"胡文虎在双杭脚毛掉几担"，老一

胡文虎："虎王"的双杭情

辈福州人用福州话形容胡文虎到访榕城之频繁，虽有夸大其词，但胡文虎偏爱双杭福地已是不争的事实，也证明了胡文虎与上下杭的情和缘。

有一次，胡文虎办完公务，准备返回南洋。刚出永安堂没走多远，在中平路遇见一位依伯，头发花白，瘦骨伶仃。依伯坐在自制的滑轮板上，双手拿着木头垫板，向前撑行，沿街乞讨。寒风瑟瑟中，残腿却裸露在外，触目惊心。

胡文虎看到这一幕，一阵酸楚涌上心头，他想起中川那个偷吃菜干的乞丐。但胡文虎又急着赶时间，来不及细问分明，吩咐车夫停车。他从提包里掏出一叠钱，走到依伯身边，蹲下身子把钱递到依伯手中，劝他回家好好生活，就匆匆上车赶路。然而，依伯裸露的残腿，在胡文虎的心中挥之不去。回南洋的路上，胡文虎萌发了在福州捐赠医院的念头。

胡文虎回到新加坡永安堂，与弟弟胡文豹说出了自己的想法，弟弟胡文豹一口赞成。在施行慈善这件事上，兄弟俩的想法非常一致，这源于父亲胡子钦的言传身教。父亲胡子钦在世时，常对人讲："救人一命，胜食十年斋。"胡子钦在仰光永安堂行医时，有的穷人家给不起药费，用一张红纸包几粒白米，以示吉祥和谢意，他也笑纳。

此后，胡文虎、胡文豹兄弟俩紧锣密鼓，筹措在福州捐资建设医院事项。他们从规模、出资到选址，每一项都精心谋划、细致推敲，终于达成方案。1935年4月，胡文虎捐款60万元，在吉祥山兴建福建省立医院。吉祥山南可兼上下杭商业圈，北可顾南门兜城区，地理位置极佳。

经过两年紧锣密鼓的施工，1937年5月1日，省立医院开始收治门诊病人。同年8月，医院住院楼落成，9月1日起收治住院病人。1937年秋，福建省立医学专科学校成立，省立医院隶属该校作为实习场所。胡文虎捐建的福建省立医院，是福建最早的公立医院之一，且是最早实现医、校共建机制的医疗机构，为当时的福州乃至整个福建省百姓造福。

抗日战争暴发后，医院门诊部和办公室被日寇炸毁，省立医院遂随全省卫生处迁往永安等地。直到1945年，抗战胜利后回迁福州，又选址东街重建省立医院。由胡文虎捐建的福建省立医院，现在虽已不剩片瓦，但此善举永载史册。胡文虎用自己的一片赤诚善行，为家乡人民掬起一捧清洌的甘泉。

胡文虎除了兴建医院造福社会外，还积极支持福州教育事业。在上下杭，白龙路11号台江第一中心小学，前身为"复兴小学"。1937年，胡文虎为该校捐助修建了一座两层木结构教学楼，学校更名为"苍霞小学"，当地人亦称"文虎小学"，1976年更名为台江第一中心小学。同时，胡文虎也为私立福商小学捐建了"文虎堂"，1952年市政府收归公立，命名福州四中。此外，胡文虎还为福州二中捐建校舍。

当时，胡文虎在福州看到市民生活用水极为困难，出资20万港币建设福州自来水公司，为改善市民生活献上爱心。他的家

胡文虎："虎王"的双杭情

乡闽西交通也极为不畅，胡文虎出资8万元修建闽西公路，大大提高了闽西交通运输能力，为方便家乡人民出行做出重大贡献。

胡文虎曾说："忠于国家为先，所以爱国观念不敢后人。自我得之，自我散之，以天下之财，供天下之用。"这是他毕生身体力行的信条。胡文虎将永安堂每年获得赢利25%（后又增至60%），作为救国救灾公益事业的费用。

1935年10月，胡文虎宣布捐资350万元，10年内在全国各地兴建1000所小学。至1938年，全国相继建成小学300余所，耗资150万元。因日寇入侵，抗战爆发，建校工程遂告停顿。

1941年，重庆《新华日报》曾刊文，特别盛赞胡文虎"捐资抗战达数千余万之巨""付资于义捐及公债者达数百万元"。

女承父志　续写虎豹传奇

秋阳明媚的午后，漫步上下杭，寻找《星闽日报》社旧址。

中平路口，曾经生意火爆的"永安堂福州分行"，已不见踪迹。踏着石板路，顺着中平路向前走。右拐，进入牛弓街，绿树掩映中，一座二层楼房映入眼帘。雪白的外墙，门口挂着谷黄色的牌匾，匾面上刻着"胡文虎基金会（福建）"几个烫金大字，古朴厚重。推开大门，映入眼帘的是中西合璧、透着独特气质的二层小院，典雅的木质栏杆，精致的山水盆景，于氤氲旧时光中，承载一代人的记忆。

《名人与台江》

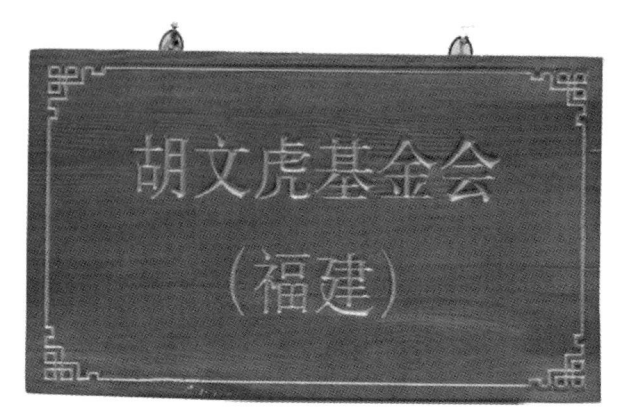

★ 胡文虎基金会（福建）

抗战胜利后的1946年，胡文虎深受鼓舞，雄心勃勃，除了迅速恢复战前停办的"星"系报纸，又在福州创刊《星闽日报》。1947年7月1日，《星闽日报》诞生，社址位于双杭中平路牛弓街2号（原牛弓街6号）。

《星闽日报》社长由虎标永安堂经理胡梦洲兼任，副社长兼主笔罗铁贤，总编辑郑书祥，编辑主任陈维震。报社员工200多人，发行量近万份。办报经费，由胡氏家族开设的虎标永安堂福州分行调拨。

《星闽日报》创刊时，胡文虎告诫报社职员，应秉承"无偏无倚大公无私之精神，作民众之喉舌，不畏强暴、不为利动，凡与社会有益人民有利之事，本报当尽力提倡，反之则当加以纠正。文虎办报，素不以谋利为目的。星系各报每年耗费甚巨，然为国家社会人民利益，办报之心绝不稍馁"。

胡文虎："虎王"的双杭情

抗日战争胜利后，国民党反动派想独吞胜利果实，发起全面内战，在其统治区内实行新闻封锁、白色恐怖，与人民渴望和平、实行民主背道而驰。此时，《星闽日报》总编辑老共产党员郑书祥，与进步编辑共同制定对策，运筹帷幄，针砭时政、揭露真伪，与国民党反动派斗智斗勇，如火种般点亮了民众们的希望，唤醒了仁人志士的热血和激情，为革命的胜利做出了积极贡献。无论

★ 中平路牛弓街"星闽日报"社旧址，现为"胡文虎基金会（福建）"

是国民党的威胁、恐吓，还是阻挠，《星闽日报》一直遵从胡文虎倡导的办报方针，直到福州解放。

新中国成立后，《星闽日报》改名《新闽日报》，1950年10月《新闽日报》宣告停刊。在这个小院里，《星闽日报》虽然

只发行了短短两年多时间就退出历史舞台，但《星闽日报》依然是当时福州最进步、最开明的报纸，被誉为"'白皮红心'的革命喉舌"，也是福建省读者最多、唯一的民办大报。正因为其永载史册的非凡历史意义，《星闽日报》旧址得以一直被保留下来。

1993年，胡文虎之女"报业女王"胡仙博士首次回国，在福建成立了胡文虎基金会（福建），将办公室设在牛弓街《星闽日报》社旧址内，基金会主要承担胡氏家族在闽粤两地的慈善事务。女承父志，寻脉于上下杭。

与《星闽日报》筹办的同一年，1946年冬，胡文虎开始动工在故乡中川村修建"虎豹别墅"。

至于中川的"虎豹别墅"，胡文虎有着简单而朴素的想法——落叶归根。建成"虎豹别墅"，既可为家乡增添一景，也可作晚年归乡的栖身之所。

在自己的家乡建别墅，意义重大。胡文虎亲自构思，将想法与设计者密切沟通，很快设计出了建筑图纸。

那是一座中西合璧，古典与现代相结合的建筑，江南的小桥流水，客家的雕梁画栋，唐代的院墙古塔，南洋的自动喷池，融为一体，相映成趣。

不久，胡文虎就把设计图连同46万元建筑费汇寄家乡。这奉献的不仅是可用数字呈现的具体财物，更是胡文虎奉献给家乡的一颗赤子之心。只因后遇时局动荡、货币贬值等原因，虎豹花园一直停留在图纸上。虎豹别墅的主体建筑，只建成了墙壁和屋

胡文虎："虎王"的双杭情

顶，就搁置下来。

1983年春，胡文虎被政府授予"爱国侨领""商界巨子"。1991年，虎豹别墅被列为福建省文物保护单位。1992年冬，胡文虎女儿胡仙博士访问北京，受到国家领导人亲切接见。1993年春天，胡仙女士首次回到故乡中川村，参观虎豹别墅，并捐资200余万元重修虎豹别墅。

整修后的"虎豹别墅"，采用砖木结构，琉璃瓦装饰，是一座新颖别致的翻版客家土楼，既有中国古典特色的屋檐四合院结构，又有客家土楼圆顶高墙小窗结构，也有西洋的门柱，既古朴庄重，又典雅精致。胡仙女士将重修的虎豹别墅捐献给当地政府后，被开辟为"胡文虎纪念馆"，于1994年9月18日正式开馆。

纪念馆内共设"客家子弟　辉煌一生""抗日救国　建设桑梓""虎标良药　风靡全球""星系报业　遍布五洲""热心公益　广济博施""客家情怀　爱国侨领""兰桂腾芳　大振家声"七部分内容26个展室。图文并茂，详细介绍了胡文虎家室生平、事业发展、支援祖国抗战、建设家乡、热心公益等方面情况，从各个侧面宣传胡文虎一生业绩，弘扬他的爱国爱乡精神，观之令人敬仰。

为了完成父亲遗愿，2006年，胡仙女士出资430万元，在中川虎豹别墅左侧山坡上兴建虎豹塔，2007年9月建成。按照胡文虎生前的设计，这座虎豹塔与香港虎豹塔毫无二致。"虎豹塔"高七层，塔形按《易经》原理建造为八卦式，琉璃葫芦顶。"虎豹塔"矗立在逶迤的虎形山腰，巍峨古雅，雄浑壮观。此外，还建造了园林广场、胡文虎铜像、碑林、游览步道等，组合成中川村的"胡文虎纪念馆"。

如今的"胡文虎纪念馆"，雄伟壮观的虎豹牌楼，由李鹏总理题字的"胡文虎纪念馆"，字体飘逸洒脱，笔力遒劲浑朴。跨越半个世纪，胡仙女士重修虎豹花园，为父亲回应了家乡父老的热切盼望，替父亲为家乡建设美丽乡村再添一景，也慰藉了父亲生前对故乡魂牵梦萦的心愿。2013年11月，下洋中川景区被评定3A级旅游景区，虎豹塔作为景区的一个重要景点深受游人喜爱，"胡文虎纪念馆"也感动了无数的中外游客。

中川是个好地方，

东面有座马山岗，

西面有个祖公堂，

南片狮象霸水中，

北片有口大横塘。

……

中川是个好地方，

虎豹别墅建中央。

数百年来，中川村传唱的那首《枫坑童谣》，胡文虎及家族如今做出了坚定而深情的回答，在童谣的末端添加了浓墨重彩的一笔，荡气回肠，光芒万丈，为胡文虎一生画上了圆满而又完美的句号。

胡文虎:"虎王"的双杭情

"虎跃龙腾才济世 豹姿凤彩地钟灵。"斯人已逝,英名永垂。

行走在胡文虎纪念馆步道上,抬头远眺,青山如黛,树木葱茏。眼前的一草一木,一砖一瓦,一屋一塔,无不在诉说一代侨领的爱国情怀;行走在胡文虎纪念馆步道上,脚踏石板路,回望胡文虎生平足迹,从中川到双杭,从榕城到南洋,山高水长,千里迢迢,一生奋进,无不在传唱一代虎王的传奇故事。

《名人与台江》

高振洋：高家大院的峥嵘岁月

林耀琼　林雨馨

时光荏苒，坐落在福州台江区义洲街道浦东社区地段的高家大院，这座百年古厝在四周高楼的拥挤中，仿佛大隐隐于市，一条静静的浦东河逶迤而过，几棵繁茂的荔枝树沿河而立，它们似乎在向人们诉说着一段鲜为人知的历史：这里曾发生过隐蔽战线上惊心动魄的故事，一群为革命抛头颅洒热血的战士，为中国革命事业的胜利和福州的解放做出重大的贡献。

山仔里16号的高家大院，原中共闽浙赣省委福州太平山联络总站旧址，党内同志习惯称之"太平山联络站"，如今已经成为台江区文物保护单位，并被福建省委党史办授予福建省党史教育基地称号。走进高家大院陈列室，陈列柜中依旧保留着当时使用过的发报机零部件、油印机、油印报纸，以及革命启蒙书籍和回忆录等党史文物。大厅的东西厢墙面上悬挂着一幅幅图文，将参观者带进那段如火如荼年代，高家大院的红色电波，老一辈地下革命工作者谍战的经历，深深地吸引观众。

让人十分惊讶的事，一个家族走出十五位参加革命的志士，

高振洋：高家大院的峥嵘岁月

其中十四人加入共产党，有六人上山参加游击队，一人当交通员，并无一位叛变革命。是什么力量让他们兄弟薪火相传？我们找到了高家的关键人物：兄弟间排行老二的高振洋。从他投身革命的开始，高家大院整个家族命运就和革命事业紧紧地联系在一起。通过多方的资料查询和高家后人讲述，一部娓娓动听的谍战历史故事展现开来……

一

福州素有"三山藏、三山现、三山看不见"的地形特征。高家大院坐落在城外南边太平山山仔里地段，与其说是山，却不见山的凸现。众多的民房星落其处，小巷四通八达，形成十分隐蔽的地方。其东南面有吉祥山、金斗山、南禅山对峙邻接，穿越过大庙山龙岭便是著名的上下杭商业重埠。闽江水从平水码头横贯而入的白马河，到这段口分支成浦东河，河水绕过高家大院与茶亭河对接，沿河岸上种植着众多荔枝树，将高家大院蔽掩。西北部从洋头口起始一直往西便是福州著名的"十八洋"，而"洋"是田地的意思。民国时期，这里管辖地属林森县长汀乡，而高家大院正好处在"洋中"段的城乡接合部，地理位置十分特殊，既能"守住"又能"撤出"，是极佳的地下工作联络点。

1919年11月26日，高家大院迎来弄璋之喜。这座建于清光绪年间，面积1026.07平方米，面阔五间、进深五柱，穿斗式构架硬山顶的院落已张灯结彩,作为世家以打锡箔生意的高家主人,拿出写着"绍祖宗一脉真传克勤克俭,教子孙两行正路惟读惟耕"的祖训,望着院门外的白茫茫的"洋",就给自己的儿子取个响亮的名字:高振洋。到了1930年,接连老厝建起三层红砖木结构,呈西洋建筑风格,面积约920平方米的大院。从此,两个院落合并成的高家大院,红砖黛瓦,飞檐翘角,雕梁画栋,彰显东西方建筑精美之处。童年的高振洋也在这种富裕的环境中成长。

1937年"七七卢沟桥事变",抗日战争全面爆发。高振洋就读福州三山中学高中。在校期间,高振洋对无线电抱有极大的乐趣。由于家庭经济宽裕,平时大部分的花费都用在购买和拼装无线电电子管零配件上,在高家大院还设有一部电台(台标XU7Ck第七战区标示号)。国土沦陷的消息传来,高振洋与千千万万个中国人一样义愤填膺,积极参加抵制日货、抗日游行的学生运动。1938年6月,在新四军驻福州办事处的领导下,中华民族解放先锋队福州总队部成立(简称"民先"),郑挺、卢懋榘、舒城、李铁、黄辰禹、欧阳天定、欧阳天年、高力夫、高振洋等,在生顺茶栈后屋书斋大厅里召开"中华民族解放先锋队"福州分会成立大会。当时在中共闽浙赣省委地下党的领导下,"民先"队员举办培训班,购买了油印机、油墨、蜡纸、刻板等设备材料,印发"民先宣言",并组织队员到福州街头巡回演讲,开设夜校,教唱抗日救亡歌曲,在戏院演出大型抗战话剧,短短的几个月时间,发展了60余名成员,形成一股新的战斗力量。

高振洋: 高家大院的峥嵘岁月

1938年11月,抗日战争进入艰苦阶段,根据形势发展的需要,闽北、闽东和闽中三个地区党组织已组建成闽浙赣省委,承担抗日反顽、保持南方革命支点的重要任务,电台的设置是当务之急。地处闽北的中共闽浙赣省委派人来福州联系共产党员欧阳天定,要求推荐一位立场坚定并能懂无线电发报的人才。经过多方的考察,高振洋是最适合的人选。1940年1月,高振洋跟大哥高振云告别,谎称去浙江金华读书,带着电台秘密前往崇安闽浙赣省委机关报到。同年3月加入了中国共产党,并兼任省委书记曾镜冰的通信员,后任电台台长。

从此,在高振洋的带动下,高家大院里展开了没有硝烟的战场,高家兄弟先后加入革命的队伍。

二

闽浙赣省委所在地崇安,地处武夷山区,常有疟疾发生,在面临缺少药品的情况下,1940年8月组织上派李青同志(化名许宝卿)来福州采购药品和无线电零部件。他以国民党第三战区护卫团少校的身份,带着高振洋写给哥哥高振云的信,找到山仔里高家大院。高振洋信中告知大哥自己并没有去念书,而是参加工作了,由于地点不固定,又患疟疾病,需要药品和内衣裤等,留在家里的无线电零部件一并带来。

当年福州与闽北的往返多走水路,党组织秘密建立了闽江地下航线。在李青返回闽北的途中，乘水路上船到崇安时，将行李交给崇安水运队一位交通员保管，不料此人已经叛变。虽然李青得以逃脱，但特务从行李中搜到高振云的一封信，认为高振云也是共产党人，便进行秘密拘捕，后经保释出狱。

1944年8月，中共福建省委几经辗转，从闽北山区转移到长乐、闽侯、永泰交界处。在这里领导福建省地下党和民众抗日，长乐南阳村一度成为全省抗日根据地的中心。高振洋和他的电台就安营在南阳村九坑山洞内。笔架山九坑洞，因为有九条相通的石洞群而得名。九条石洞，洞洞相通。闽中游击队司令部就设在半山腰的坑洞里，敌人曾多次派重兵围剿游击队，都不曾攻陷过一次。"撼山易，撼九坑洞难。"那红色的电波犹如永不消逝的长虹横贯在笔架山上。在南阳中共省委旧址，迄今还塑有高振洋在山洞内发送电报的蜡像。

随着抗日战争的胜利，国内的革命形势越发复杂，解放战争也迫在眉睫。为了贯彻中共华中局关于"掩蔽精干，积聚力量，等待时机"的方针，坚持武装斗争和白下工作相结合的原则，中共福建省委和中共闽江工委决定在福州设立地下交通联络站，加强与各地委的联络。1945年9月，省委先后派苏华、饶刚生、陈德义、魏雪馨、陈辉明五位同志来福州负责建立省委联络站工作。高振洋捎信给大哥高振云，在信中阐明当前国内形势和革命道理。经过周密考察，苏华同志最终决定在潭尾街42号建立省委地下联络站，随后建立的联络总站移至山仔里16号高家大院。联络

高振洋：高家大院的峥嵘岁月

总站直属省委领导，高振洋担任太平山联络总站电台台长。

高家大院不仅所处的地理位置和环境都十分适合于地下隐蔽战线的需要，而且其周边的群众基础好。天时地利人和都一一俱全。村内几十户人家为高、吴、林、沈姓氏，并联姻亲戚关系，和睦相处，较为团结。一河之隔仅容一座石桥通过的太平山，居住的居民也是平民百姓。贩夫走卒，引车卖浆；修伞补锅，打铁造锄。此地还有一座香火盛旺的九案太山总殿庙，各式各样的人在此进香，这无疑给从事地下工作者提供了便利。

1946年3月的一个夜晚，省委领导曾镜冰、苏华、左丰美、庄征、孟起、黄扆禹、黄国璋、王一平、孙竹云、李铁、高振洋十一位同志在高家大院召开一次重要的会议。这是抗战胜利后的首次会议，同时也奠定了高家大院作为中共闽浙赣省委福州太平山联络站里程碑的意义。高家大院的红色电波也开始了赋予新历史性的使命。1946年7月，曾镜冰同志去延安开会前，决定在高家大院设电台，并约定与华东局通信的频率和呼号。接

★ 高振洋发电报工作照

受任务的高振洋与高家兄弟不分昼夜地忙碌起来，他们在天台上架起天线，高振洋负责装、接、拆、收。由于使用手摇马达发电，发出的声音比较大，族弟高振丰用几床被子捂住马达，其他人则爬到院外的荔枝树上站岗放哨。发报完毕便收起天线，连同通讯器材设备藏匿在胞姐高淑英家的夹墙里。

1949年6月，全国解放战争已进入收官阶段，十兵团的十万大军入闽，准备对逃溃的国民党残军进行围歼。省委派遣苏华带着电台秘密潜回福州收集情况，配合解放军解放福州。当时福州形势非常紧张，特务头子毛森专程来榕清剿福州地下党。苏华经过几番周折躲过了敌人的搜索，顺利地将电台送到了高家大院。在短短的三天内，苏华寻访地下党员，布置收集全省各县粮食收成情况，掌控到敌人在福州周边粮库布置图，并将情报第一时间传送到解放军先遣队所在地建瓯。

1949年8月17日福州解放，新任福建省委负责人张鼎丞、曾镜冰、黄扆禹、苏华、饶刚生等在河口嘴4号黄扆禹大哥家召集党员开会，太平山联络站党员参加了会议。张鼎丞肯定了省委地下联络站的工作，高度赞扬地下工作者的革命献身精神，宣布太平山联络总站已经完成了光荣的历史使命。

三

星星之火可以燎原。高振洋投身革命带动了一个家族兄弟紧

高振洋：高家大院的峥嵘岁月

随其后。高家兄弟依次排列：高一（高振云）、高二（高振洋）、高三（高振波）、高四（高振枢）、高五（高振溪）、高六（高振凉），为了地下革命工作的需要，在恶劣的环境下，他们埋名以数字为代称，也是不得已而为之。排行老大的高振云虽然不是共产党员，但作为工商业主，以国民党参议员和店老板的身份，从事对地下党的同志安全掩护转移，提供物质供应和资助，甚至冒生命危险出资营救地下党员，他起到了共产党兄弟无法替代的作用。

1939年高振云父亲去世，作为家中老大的高振云承担家业，接下父亲打锡箔的生意。他在潭尾街42号开一间"同和锡箔杂货行"，后改行创办酱油虾油生产厂。高振云的初衷是秉承祖训，将弟弟培养"出仕"。然而，国难当头，老二高振洋率先参加革命，而他因写给弟弟的一封信而牵连被捕。在经历了二次被捕和特务的威逼敲诈下，高振云自始至终不出卖革命同志，并坚定了参加革命的决心。

1944年，闽浙赣省委派徐作铭（古田人）到潭尾街找高振云，并带上高振洋的一封信和照片，徐作铭和高振云交谈时，了解到高振云思想倾向共产党，愿意支持革命的热情态度。另外他又观察潭尾街42号周边环境：临近码头、交通方便、商贸云集、闹中有静，可作为地下党来往的联络站，随后他带药品上山向组织汇报了此行情况。1945年底，王一平同志派交通员杨仁屏（代号19号）来福州联系苏华，苏华带着高振洋的信找到高振云。当高振云了解到组织要在自己的货行成立联络点时，便义无反顾地同意了组织的要求，一年后又将自己的住处高家大院也腾出来成立联络总站。而他利用自己的身份担任"太平山联络站"联络员。

太平山联络站的成立，是中共福建省委在当时复杂形势下的英明决策，也离不开高振洋和高振云两位兄弟的贡献，为发展和壮大革命队伍立下汗马功劳。1945年底至1946年底，苏华同志在潭尾街42号同和锡箔杂货行培养发展了店员宋子云、高振诚加入了中国共产党；随后在太平山联络站，苏华批准吸收高振淙、高振波、高振枢入党。同年，成立太平山党支部，宋子云任书记，由苏华、陈辉明负责指导，1947年底由饶刚生、陈辉明负责指导帮助工作。1947年7月选送高振波、高振枢、林华三位同志到南古瓯上山参加游击队，1948年高振溪、高振凉两位同志也上山参加游击队，高振淙同志还带领进步青年高心青、李清藻、何兰芬、陈振亨、柯子铭参加游击队。

太平山联络站的主要任务：一、掩护和安排地下党来往同志的住宿和安全，除了安排在潭尾街42号外，还安排在太平山山仔里高家大院、浦东村、双浦头、仓山霞湖等处。二、对外联络、筹款、购买无线电器材、药品以及山上游击队需要的物资。为了便于开展工作，高振云拿出纯锡锭一千二百斤做资本，支持宋子云在山仔里开一间"崇发锡箔作坊"，以做生意为名方便地下组织工作的开展。高振云还以林森县参议员的公开身份，掩护来往同志的安全，省委常委左丰美、陈贵芳，地委书记王文波、张翼等同志，都曾在联络站住过并指导工作。

高振洋：高家大院的峥嵘岁月

1949年初，当高振云得知被捕的陈青等4位党员同志关在福州监狱中，他马上向宋子云汇报。经多方打听和疏通关系，用一只金手镯托人变卖后买通福州监狱署人员，将保释出狱的4位同志分别安排在山仔里和坞尾街等处。

这些事例，只是高家大院里发生的可记载的一部分，而许多被埋没的事迹已无法用笔来叙述。

★ 高振云同志

四

1949年7月，经省委决定成立太平山总支部，山仔里为第一支部，城区为第二支部。在太平山山仔里高家大院入党的有沈玉康、陈群、高连贞、沈秀琴、高振江、高大贤、高振银；在城区入党的有林焰生、陈功廉、曾伯豪、方静、孙伯龄，加上早年入党的宋子云、高振淙，这时支部共有党员14人。

为了配合解放福州的形势需要，进一步开展地下斗争工作，培养和考验新生力量，党组织给城区工作的任务是：慎密继续发展力量，扩大组织，建立电台，创办地下小报，在学生中侧面配合策动"反饥饿、反迫害、反内战"的学生运动。鼓动人心，制造反蒋气氛，工作中要收集军事情报，敌军番号，兵力部署、装备优势，指挥官姓名以及兵力调动情况。密派孙伯龄表兄朱世德在八十师当军邮员，派王宜祐到新生活俱乐部当负责人，派陈功濂打入师管区当文书收集情报。同时由陈群等组织一批青年学生成立"读书会"，设立地下存书室，有中外进步书刊和党内文件等几十种，如《西行漫记》《大众哲学》《共产党宣言》《怎样做一个共产党员》《新人生观》《新民主主义论》《论联合政府》《中国革命和中国共产党》《目前形势和我们的任务》《将革命进行到底》等书籍。在城内妙巷八号创办《种子报》，利用曾伯豪家现有的多灯管交流电收音机，转载新华社播发的消息，将电讯、通讯、战讯作为小报报道的内容，每三至五天一期，由大家秘密带到学校分发或夜间突击张贴。

太平山支部的任务是：设地下电台与华东局保持联系，掩护地下党负责同志的来往住宿。党组织用二十二元银币购买一台收音机，由李青为主编兼报务，办起了"消息报"。从刻字到印刷，小报每天一期，均由支部成员一起完成。宋子云指派高振银到城内三山书局秘密铅印了《安民布告》《告蒋党军政人员书》《中国人民解放军约法八章》等宣传品，由一部分同志夜晚偷偷地到街上张贴和分发。

由于福州临近解放，敌情更加复杂多变，太平山联络站的隐蔽和安全尤为重要。太平山党支部发挥党员的骨干力量，将村里有族亲关系的进步青年和群众发动起来，形成一个庞大的联络网。

保卫省委电台，让红色电波永不消失；保证省委会议安全召开，出色地完成党交给的任务。每逢高家大院开会、收发电报时，在村口、田埂、河沿、荔枝树上都设有暗哨。如有陌生人进村都要设法查清来历。通过这种保密的措施，高家大院里的地下工作得以顺利地进行，从未发生过泄密的现象。

忆峥嵘岁月，颂百年风华。一个从高家大院走出的少年，引出一段红色的故事，让人沉醉于前辈们跌宕起伏的谍战传奇生涯。

参考资料：

1. 高家大院后人高文忠口述记录。
2. 高家大院里的红色故事（高振云儿子高文秀讲解手稿）。
3. 《高家大院的故事》戎章榕著。
4. 《百年风华 红色记忆》福州市委党史和地方志研究室。
5. 照片由林雨馨高家大院展览室拍照。

黄培松：武状元与故居

郑 和

清贫父辈奋发作为

说起黄培松，笔者是他的四代外甥女婿，与他的四代孙黄承干老师关系亲密，所以走近黄培松，了解他具有传奇色彩的一生，具有得天独厚的条件与优势。

黄培松（1855—1925）又名尔吟，字贤礼，号菊三，祖籍安溪尚卿乡科名村东北部，该乡地处著名的五阆山南麓，那里茶山连绵，茶叶远销海内外。尚卿乡风景秀美人杰地灵，历代名人辈出，是安溪雄踞内外的交通要道。后举家迁居到南安仁宅乡，清咸丰五年（1855）他生于福建南安仁宅乡，紫瑁山麓后坑壤村。据本地村民传："黄培松出生之前紫瑁山垅曾龙吼三次，居住地门口的古井沸腾起一股的赤水，溢满到井栏之外。"村民说这是吉祥之兆，此时正是黄培松在后坑垅旧厝左畔出生之时，该传说因与黄培松高中状元联系起来便传为佳话。

黄培松出生前，黄家家境贫寒，一日三餐难以为继。父亲黄

黄培松：武状元与故居

嘉淑是个老实人，靠打短工和挑长途货担赚取微薄的挑工钱，来维持一家人的生活。母亲杜氏惠妆，为人也忠厚贤德，任劳任怨，对家庭贫寒并无怨言。本乡甘棠村中番薯秋收季，她叫丈夫去村民翻收过的番薯田，去捡漏收的碎番薯，当时捡了十余斤却被当地的村民抢去，那人还讥笑他："你这个'大棵淑'，就是一个'豆豉埔'不会发芽"，他只能挑着空箩筐回家，又有一回，老婆叫他说："捡漏收的番薯不行，你采点番薯叶回来也可。"他到别人地里采了半箩筐的番薯叶，又被主人家的人夺去倒掉，他空手而归，家人见状，一夜只能忍气吞声，闷闷不乐。

此后，讥笑、嘲讽反而成了黄嘉淑发奋向上的动力，他刻苦做工积攒点小本钱，他想到故乡安溪是茶叶铁观音的生产地，何不做点小生意？于是开始从安溪采购茶叶到南安，挑着担子卖茶叶。由于勤奋、吃苦耐劳、精打细算、日积月累，累积了足够的

★ 黄培松中平路故居大厅

本钱，到福州的田垱路（今中平路172号）开设了泉泰茶行，家庭生活从此走上了正轨。

弃文习武连中三元

儒家的"学而优则仕"的思想驱使黄嘉淑一心要培养黄培松出仕，先是要他习文应科考出仕，无奈他屡试不第；又见他身材魁梧，臂力过人，干脆叫他弃文习武。黄培松于是拜晋江罗溪人（今泉州市洛江）武举人黄纪堂为师，由于他先天身体条件不错，加上练习刻苦，深得师傅认可，觉得他是一个可塑的难得之才，所以悉心教习。所谓名师出高徒，师傅教得认真，他学得刻苦，因此武功大有长进。黄培松于清光绪二年（1876）丙子科参加武科乡试中试举人第二名亚元。从此黄培松益发苦练，翌年参加庚辰科武闱会试中第一名会元，一举奠定了黄培松入京科考的基础。黄培松深知京城汇集了全国的科举人才，强手如林，没有出人头地的功夫难以名列前茅，于是又潜心苦练三年，这才对赴京考信心满满。

清光绪六年（1880）冬十月，黄培松赴京赶考途经山东地界，有一天住宿客栈，半夜梦见石竹山的仙翁叫他："快走！快走！一直向北走！"黄培松蓦然梦醒，赶紧收拾行李，连夜启程，刚走出客栈不远，客栈突然起火，只见烈焰冲天，大火很快吞噬一切。黄培松擦了一把额头上的汗，庆幸自己逃过一劫，大难不死，

黄培松：武状元与故居

心中无比感激石竹山仙翁赐梦指点的救命之恩。

清光绪六年，俄国窥视我国的东三省，日本入侵琉球群岛，废琉球国号为日本的冲绳县。为此，琉球国王请求清廷施以援手。清廷于元月一日派五艘兵船赶赴澎湖、台湾等地勘察炮台、地形。此后，每月均派轮船到澎湖、台湾、琉球巡察。二月二十一号，清廷接李鸿章上奏：日本三艘铁甲舰入侵我领海。为应对日本舰船入侵，清廷急拨白银100万两购铁甲舰船两艘供福建水师在沿海使用，可见当时局势之危急。

在相当长的一段时间里，清朝统治阶层对武举制度的存废仍有争议。清光绪四年，时任两江总督沈葆桢奏请停止武科举考试，清廷不仅没有采纳，还下旨对其申斥。清光绪六年九月，鉴于时局有变和应对需要，清廷兵部提议以武会试，颁布中选名额选拔人才奏请，清廷准奏，并颁布各省武科举名额，其中福建达8名之多，其余各省2至7名不等。

古人云："时势造英雄。"黄培松逃过客栈大火，可谓大难不死，必有后福。项目比赛时，黄培松关关顺利通过。清光绪六年十月初三日，武举殿试在燕京太和殿举行。举子们要在慈禧太后及汉军都统楚克林沁、礼部尚书恩承的面前比试，镶白旗汉军都统额勒和布作为殿试主考官。殿试除了要进行挽强弓、骑射等项目比试外，还有一个特别的项目——抓举千斤义勇石（石锁）。许多举子临场胆怯不敢应对，有的上去却举不起来失败而回，轮到黄培松上场，第一次试举时，尽管他奋力抓举却无功而返；第二次上场，只听他大吼一声，运足气力，单手一下子举起石锁在空中转了三圈，然后往下一掷，竟入土半尺深。满场举子大惊失色，齐声叫好！主考官很满意，询问黄培松"为何第二次举起来了"？黄培松从容地答道："这是借力使力带势而已。"

接下来的兵器比试项目，黄培松要舞动68斤重的大关刀。大关刀重达68斤，套路108招。轮到黄培松上场，只见他一招一式，手挥刀起呼呼作响，令人眼花缭乱，慈禧太后和主考官暗暗喝彩，十分欣赏。由于前面的会试项目已耗了黄培松大部分体力，当舞至108招收势时，不小心关刀脱手，他急中生智，眼疾手快地用脚尖勾起将要落地的大关刀，接握手中顺利收势。慈禧太后问黄培松："这一招倒也新奇，叫什么招数？"黄培松灵机一动，镇定地回答："启禀太后，这一招叫'魁星踢斗'。"慈禧太后听后微笑地说道："堪称状元之才！"旁边的主考官听到慈禧太后金口既开，即内定黄培松为本科殿试一甲第一名状元。

★ 黄培松会元状元牌匾

黄培松：武状元与故居

殿试后的第二天，光绪皇帝在养心殿召见中试武举，钦定甲乙。初五，光绪皇帝在太和殿传胪，宣布黄培松为武状元。至此，黄培松五年内连中三元，被授头等带刀侍卫，在大清门殿外当差行走。三年任满后到兵部请补参将（正三品）；光绪十四年，授任广西郁林营参将南雄协副将（从二品）；光绪三十年，任广东琼州镇总兵（正二品）、记名提督（从一品）。

★ 培威将军照

为表彰黄培松的忠君、廉洁、勤勉，光绪皇帝钦赐给他一座附有底座的铜香炉，炉身镌刻"御用香炉"字样。民国时袁世凯在京召见并任命黄培松为福建护军使、参军、授"培威将军"称号，封陆军中将加上将军衔，黄培松至此成为两朝的将军。

威镇安南行善举

清朝末年，腐败无能的清政府多次派使节到现为越南的安南催讨拖欠的贡品，但每次都空手而归。黄培松奉圣上旨意带兵前往征讨。黄培松到了安南，与安南国王交涉，安南国王不但拒纳贡品，还放出象群冲击征讨队伍，为首的一只青色大象带头冲向清军队伍。黄培松凛然威武，跃马挥刀大喝一声："畜生岂敢无礼！"话音刚落，手起刀落砍掉了青大象的长鼻子，并吼声令其跪下。青色大象见势不妙只好下跪，象群见头象下跪，也纷纷下跪，以表降服。安南国王见黄培松如此勇猛，无计可施，只好屈服，从此安南国王每年按旧规如数向清廷缴纳贡品。安南国王为讨好黄培松，送给他一面长六尺宽四尺的大镜子。黄培松带回大镜子，挂在状元府大厅的墙壁上。

黄培松在安南期间，还曾带领官兵进入西贡，在当地筹建"江夏堂"纪念堂，资助西贡的华侨子孙上学，扶危济困，尽力帮助有困难的华侨，深得华侨爱戴。西贡的华侨及受惠的群众向当地的观音庙送上"状元及第""慈敷中外"等牌匾，赞扬黄培松为当地华侨和民众所做的贡献。

在西贡的鹦鹉岭风雨亭上，有当地华侨欢送黄培松一行回国时题刻的楹联"威镇南疆，荣归故里""虎邱精结昭吴北，鹦鹉客来贡越南"。风雨亭虽然不在了，但楹联文字却保留了下来。

最近笔者采访了黄培松的三世孙黄和枚、黄滋泽二位老师，他们告诉笔者，1995年，黄培松的侄孙、时任台湾水利部的高级专家黄则辉回南安省亲时，向他们讲述了黄培松义释辛亥革命党人的事迹。

原来，黄培松晚年对腐败的清政府、北洋军阀南北混战感到

黄培松：武状元与故居

非常厌恶，特别是亲眼看到了辛亥革命党人为国为革命捐躯的壮举，思想上同情辛亥革命党人。1911年辛亥革命广州起义失败后，被捕的革命党人达百余人，仅福建籍的就有20余人。身为监斩官的黄培松持重谨慎，绝不滥施刑罚。黄培松特意安排半夜提审，面对6个年纪只有十五六岁的小青年，于心不忍，故意大声骂道："外面仗打得这么厉害！你们还敢出来玩？简直不要命了！还不给我滚！"经与同僚简单合议后，将6个年轻的革命党人放走。这些获救的革命党人十分感激黄培松，近年来还有革命党人及后代，特地从海外回来拜访黄培松后代及故居。

返故里魂归青山

民国五年（1916）六月，黄培松受萨镇冰之邀回到福建为清乡会办，萨镇冰为主办。他在福州自然住在中平路180号故居楼上。民国十一年（1922）黄培松解甲辞官归隐，仍定居中平路180号故居。

时光荏苒。转眼间，到了孙子黄和桢娶亲的日子。亲家同在中平路开设恒春茶行，为晋江同乡。本不想为孙子婚事大操大办的黄培松，为营造喜庆氛围，亲自出面，请时任海军部部长的好友萨镇冰派出海军军乐队助兴；亲家也在送亲时抬出十大彩杠，并请来了南音乐队。迎亲那天，一对新人在中西乐队此起彼伏的演奏中，从中平路、隆平路、中亭街一路浩浩荡荡游行而来，围

《名人与台江》

观人群将街道两旁围得水泄不通,他们第一次听到西洋军乐队奏响优美浪漫的《婚礼进行曲》,时尚新奇,被市民口口相传,一时成为美谈。

黄培松一生行伍,晚年却在右手无名指留下残疾。原来这里有一个故事。有一天,家人来报,有一八旗子弟手持土制枪对准一个小孩并恐吓围观群众。黄培松怒不可遏,当即冲到现场,喝令该人放下枪支!谁知这个八旗子弟不认识黄培松,拒不听令。黄培松立马上前去夺下枪支,谁知那八旗子弟不经意触动了板机,子弹打伤了黄培松右手的无名指。黄培松不顾伤痛,狠狠教训此人一顿,令围观的百姓拍手称快。

据笔者岳母黄和笃回忆,黄培松回到故里后,为感激石竹山仙翁京城赶考时的托梦之恩,每年正月初一,他都要雇请专车,亲自前往石竹山拜谒石竹山仙翁,每每为之焚烧高香,顶礼膜拜,感恩戴德,虔诚至极!

1925年夏,黄培松因误吃了带有霍乱细菌的西瓜,故不治身亡,享年70岁。据说当时出殡时,送葬的队伍长达几百米长,引幡从中平路挂至下杭街、三元牌匾,各色、各式的旗帜,白幡列队而行,从中平路到下杭街沿路步行到鼓山,不少商家摆出祭品桌进行路祭,怀念之情,溢于言表。

黄培松的陵墓坐落在风景宜人、游客众多的鼓山,墓地由涌泉寺古月方丈批给。陵墓上有两代帝师陈宝琛的题词,有其挚友民国海军上将萨镇冰题写的对联,是不可多得的古迹!遗憾的是,

黄培松：武状元与故居

陵墓惨遭盗挖，至今未予修复。

黄家父子的一生堪称传奇。从一个打短工、拾漏的贫民家庭，逐渐发展为富雄一方的家庭；从一个白丁成就了连中三元的功名；从一个寒门家庭到拥有一座武状元府和三座大厝儿孙满堂的家庭；从一个只在殿外走动的三品官到两朝将军的辉煌过程；从一个精忠报效朝廷的将军转变成为一个同情辛亥革命的有识之士，无不展示了他们父子的奋斗进取决心与毅力。黄培松作为食用清朝俸禄的官员，与各个历史人物一样也难以摆脱时代的局限性，个中的甜酸苦辣，是非曲直，只有他独自承受，至于后人从多角度加以评判，也在所难免，不在话下。

黄培松故居状元府

黄培松状元府故居坐落于福州上下杭，正门为今中平路172号，坐北朝南，占地面积2100多平方米，是台江区少有的官宦深宅大院。大门前原有一个方形大场地，南至荔枝树下，西至支前路，曾是黄培松平时晨起练武的地方，老福州人称之为"田垱状元埕"。原大门顶上有花篮悬钟、蝴蝶斗荷花替木的灰塑，嵌有"泉泰"二字，两侧门墙上有"梅雀争春""凤舞花韵""松鹤延年"等灰塑，后门临苍霞牛弓街。整座状元府共三进，门宽五间。四周风火高墙，门口有出檐。原一进的大门上有长方形蓝底金字浮雕框，原门口挂着天蓝色底黑字的"会元、亚元"的牌匾。

《名人与台江》

三进房屋以南北门的正中为中轴线，左右对称布局，二进与三进深之间设风火墙，开侧门相通，门上均用"斗底砖"钻孔钉装，既防风又防火，避免隔墙失火时被殃及，来去则各自为主。遇台风因有墙头遮挡，瓦片也不会被刮飞——这是福州古建民居的独特构筑。门内均有插屏门，起隔音和遮挡视线作用，避免外人在门外窥视府内动静，府内各进之间也不会互相干扰。大门插屏门只有在迎送重要宾客或红白事时才打开。

黄培松的状元府三进前后四重大门均用石板材作门框，各进的大厅及天井全部铺以大型花岗岩石板，最大的板材长5—6米，宽厚各50—60厘米，重逾2吨；六扇木构窗户均是精美楠木雕花，斗拱、雀替、悬钟等工艺精湛；楼上走廊扶手均是木车子花瓶式装置；绕过插屏门即是一进天井，大厅是穿斗式木结构，面阔五间，中间大厅，左侧各二间厢房楼上有边门可通原"泉泰茶行"。第一进与第二进、第二进与第三进之间的两侧均建有披舍。

黄培松状元府故居第一进深7柱，分为前厅、后厅；廊柱为四方形柱，其余圆柱；前后厢房隔堵分开。房屋墙壁门窗及梁、筒柱、雀替等雕刻有鱼、虫、鸟、兽及各种精美图案。据黄培松的四代孙黄承干老先生介绍，当年黄培松的卧室就安在西边单进厢房的楼上。

黄培松状元府故居的二进门框上有人物与景观的灰塑，颇为生动。天井中间设通道走廊，又称为"覆龟亭"，既方便走动，又避免日晒雨淋，二进天井中还有一口古井，当年黄家的饮用水

黄培松：武状元与故居

皆取之于此井。清朝与民国时期福州无堤防，中平路地势低，年年发洪水漫至府内，府内人就退避到楼上，由于左右厢房楼上无法相通，特用长8米多的杉木锯成三块长跳板和加圆形扶手作天桥，使其相通。楼上地面都用"斗底砖"铺就。楼上还有露台，供黄家人夏天乘凉、晒衣。避暑时还特制一种木制的卷帘器，起降大厅屋檐下的竹帘以遮阳。天井的周边设置一圈凹槽，雨水流入凹槽石板缝隙后，会加速渗入地下。

黄培松状元府故居原三进为黄家祠堂。屋顶上建有翘角，屋檐下的正中挂着红底金字的"状元"牌匾（现保留在福建省博物馆）——这是黄培松状元及第钦赐的佐证。祠堂门口原建有青石悬雕龙柱，十分精致。祠堂里面是黄氏祖宗的神龛，神龛分三扇，龛内有六层放置历代黄家灵牌位的台阶，中间为男性上代祖宗，两边为女性上代妻室，灵牌为朱红漆底，金箔贴字，面上有多扇玻璃折合门保护，神龛左右有灰底黑字的"亚元、会元"牌匾。

黄培松状元府故居被征用前为黄家部分后代人和外人居住，构架尚好，但房体部分较为破损，厅及厢房多处被改建，故居连泉泰茶行旧门牌号为中平路69号、70号、71号。原状元府共有七进，因道路拓宽，现仅存两进。

1991年黄培松状元府故居被列入市级保护单位，2018年被省政府公布为第九批省级文物保护单位。黄培松状元府故居现已修葺完好，对外开放。遗憾的是，该故居现在仅作为版画美术馆，

★ 黄培松出生地故居大厅

里面无任何介绍黄培松的生平故事的版面，所以游客寥寥无几。

作黄培松状元府故居组成部分的还有一座中西合璧的"洋楼"。该楼为福建省闽江轮船总公司办公楼和宿舍楼，属于黄培松晚年兴建状元府的产权范围。闽江轮船总公司始建于民国初年，建筑面积901平方米，为中西合璧的青砖楼房，面阔"四扇三"，进深四柱，穿斗式木构架，硬山顶。北侧为三角形，南侧五角形，两侧为砖木结构的楼房，设挑廊与主座相连，配有蓝色窗棂。一层底部架空可以防洪，平时作为厨房、浴室、杂物间、佣人房。楼内部为雕梁画栋的中式建筑，甚是精美；中部建有天井，两侧建有披舍。值得一提的是，该楼大门框用青石（又名蓝蔚石）打造，后当地人干脆称该楼所处路段为"蓝蔚石"，取之"蓝蔚有天皆绿滟，苍霞无水不红波"的诗句。当时，黄培松与好友萨镇冰、陈宝琛等社会名流常到"洋楼"喝茶、聊国事、天

黄培松：武状元与故居

下事。黄家后代们都称这座中西合璧的大楼为"洋楼"，至今还念念不忘。后来由于黄家后代家道中落，该大楼被出售。

该大楼作为闽江轮船公司的办公地，新中国成立前曾是地下党支部活动的地点。闽江轮船公司的水上航线，成为中共地下党的"地下航线"，为闽北游击队运送过武器、枪支、弹药、药品和发报机重要零件，护送过来往的地下党领导。1949年，闽轮公司党委在福州联络站苏华的领导下配合解放军解放了福州。新中国成立后拍摄的电影《地下航线》，生动地描绘了这一时期福州地下党的活动情况。大楼也成为这部影片重要的拍摄场地。

黄培松南安故居

当年黄培松的父亲黄嘉淑开办"泉泰茶行"自己当老板后，特别是黄培松中状元做大官后，茶行的生意顺风顺水，黄嘉淑就把位于中平路（原田垱路）住所西侧和老家南安的故居逐渐改建扩建。

2022年最美的四月天，笔者前往南安探望多年未见的表哥，蓦然想起黄培松的南安故居在仁科村后坑壤117号，特地前往参观，见到了看护故居的黄家侄孙辈黄滋泽老师。黄老师拿出多年收集打印好的、有关黄培松的材料照片让笔者拍摄，带笔者参观并详细讲解。

黄培松的南安故居共有3座2进5开间的大厝和1座书轩，

皆为红墙黑瓦翘角石框窗的闽南建筑风格,建筑顺序自东南至西北。走近故居,可见大门上题有"独碧轩"三字。故居建于不同时期,坐东北朝西南,均为砖石木结构,呈一字排开,堂皇壮观。

第一座大厝是黄培松的出生地,大约建于咸丰年间(1851—1861),建筑面积600平方米,悬山式,燕尾形屋脊饰"龙稳",天井用鹅卵石铺筑。大厅砖砌墙裙,墙壁用苇秆和泥灰粉刷,卷棚式双护厝。大门镌刻一副对联:"井水不穷源头活,瑁山高插本支蕃。"辉绿岩门簪分别刻有"福""禄"两字,门前开阔,门埕用灰砖铺筑。黄培松当年就出生在这座府第里的榉头房里,门前的空地就是他青少年时代练武的地方。

第二座大厝是黄培松成亲的地方,建于同治年间(1862—1874),建筑面积约580平方米,2进5开间连双护厝,硬山顶式,大厅穿斗式,门厅抬梁式木构架,燕尾形屋脊饰"龙稳",所用木料、砖料、石料比第一座更加上乘。大门对联为"井水卜邻先世泽,鼎新安宅旧家声"。厅堂用木隔扇,辉绿岩柱有方有圆,地板铺红砖,天井用青灰砖铺成。门廊装饰颇为考究,墙裙地裙为辉绿岩砌就,立面浮雕"蝙蝠飞鹿""天官赐福",一派吉祥之意。侧面砖雕人物故事,立面水车堵泥塑加彩绘,内墙门额题"惟君子"三字,内墙水车堵绘有山水人物形画。

第三座大厝始建造于黄培松被慈禧太后钦点为武状元后。他先是出任广东参政,后又升任琼州总兵,黄家财势逐渐显赫。该座大厝建筑面积近680平方米,高于第二座建筑1米,寓意"步

黄培松：武状元与故居

步高升"，共2进5开间带双护厝。硬山式顶，穿斗式木构架，燕尾形屋脊饰"龙稳"，建筑规模与格调与前两座相差无几。建造用料均为优质木材与砖石，门廊精雕细刻，石雕与砖雕相互媲美；大厅与门厅地板铺红砖，厅堂辉绿岩连珠饰珠，雕工精湛；木隔扇上精美的木雕花窗，金绿色相衬，典雅华贵；梁柱题有名人楹联，流光溢彩；天井也用条石铺砌，显得富丽堂皇；外墙则用石砌，既粗犷又美观。

第四座大厝为书轩，兴建于1894年。平面高于第三座1.2米，外有围墙，入门处题有"独碧轩"三字，款识"光绪甲午年"。书斋为2进3开间连着东护厝布局，建筑面积340平方米。抬梁式木结构，卷棚顶；屋脊装饰有剪瓷堆花、立面墙裙、地裙均为辉绿岩构筑，上面砌红砖，装饰图案多样；石窗采用材为辉绿岩，红绿相间，意趣盎然；门廊精巧端庄，辉绿岩雕凿各种图案，两侧砖雕点缀其间；大门镌刻一副楹联："门临一水天开画，地拓三弓我读书。"水车堵泥塑加彩绘，雕刻的山水风景、人物绘画惟妙惟肖。整座建筑的木雕、石雕、砖雕雕艺精湛，交相辉映，具有浓郁的闽南建筑特色。大厝前铺筑石埕，石埕围砌有1米高的围墙；围墙外砌有一个"洗笔池"，面积约50平方米；围墙内栽着花草树木。当年黄家子孙就在这幽雅、宁静、小巧玲珑的书斋里读书、玩耍。

黄培松南安故居在建筑上有一个特点，越往后建的结构越精致。每座大厝燕尾脊上均饰有"龙稳"，其大厝砖埕前均竖有旗杆石，显示出黄家当时显赫的政治地位和雄厚的经济实力。但黄家父子建房时从未仗势欺人，侵占邻居地皮，反而在后半部缩成三角形地块，在五乡八里传为佳话。可惜的是，黄培松的南安故居因为空置时间太久，稍显破旧，未被政府开发利用。

此外，必须提及的是，黄培松在安溪县尚卿乡也有祖宅和祖祠各一座。祖宅始建于元末明初，迄今已有 700 余年历史。大厅上悬挂着一面"会元、状元"匾额，是黄培松清光绪六年庚辰科中武状元的证物，每字高 38 公分。

令人感慨的是，黄培松四座故居从建成到变卖，其实也是黄氏家族兴衰的写照，同时也是社会发展变化的写照。

★ 南安洪溪村东山埔 99 号黄培松婚姻时故居

洪氏家族：
"海丝茶王"的商业传奇与家国情怀

石丽钦

闽江之心，商贸胜地，海上丝绸之路重要发祥地，造就了许许多多爱国爱乡、敢拼会赢、乐善好施的闽商，"海丝茶王"洪天赏、洪发绥父子就是其中的代表人物。福州青年会西侧有一座颇为壮观的四层红砖建筑，这就是洪家父子创立的百年"洪家茶"的发源地——"福胜春制茶厂"。

洪天赏，字景星，1859年出生于台湾金门烈屿青岐村。金门闽南帮洪家靠航运起家，往返金门、厦门及东南亚一带的海面上，同时兼做南北土特产生意。然而海运险象丛生，在他6岁之时，父亲洪耀夺在与海盗的搏斗中不幸离世。1865年，洪天赏跟随大伯来到台江后洲坞里，习文学武，承袭祖业，开始了仗义行商的一生。

崇尚英雄 仗义行商

洪天赏家住台江坞里万寿尚书庙附近，尚书庙供奉尚书公

《名人与台江》

陈文龙。陈文龙是南宋名臣和民族英雄,一生为官清廉、爱国爱民、深得民心,福州人尊称陈文龙为"尚书公"。林则徐在清道光三十年(1850)曾到万寿尚书庙祭祀陈文龙,并题写对联云:"节镇守乡邦,纵景炎残局难支,一代忠贞垂史传;英灵昭海澨,与信国隆名并峙,十洲清晏仗神庥。"林则徐把陈文龙与文天祥相提并论,是对陈文龙爱国精神的充分肯定。洪天赏从小就以陈文龙和林则徐等民族英雄为精神偶像,勤学苦练武功,修得一身正气,成年后勇敢正直,敢于为贫者出力,为弱者发声,渐渐获得后洲坞里一带乡亲和邻里的信任。又因其长期练武,深得南拳之精妙。他身材魁梧,扶危济困,特别深受船工的喜爱和信任,成为台江码头船帮老大。

坊间流传着他的一则故事:有一天,洪天赏见外地木匠轻薄一位寡妇,上前制止。木匠恼羞成怒,抓起手中的钻子和锤子朝洪天赏扑去,被洪天赏一脚踢倒。此时另外十几个木工一起围了上来,特别是那个工头还将一把丈余长的搭勾向洪天赏砸来。洪天赏面对人多势众的对方不惧危险,奋勇冲上前用双手挡住,顺势用力夺过搭勾。此时仗义的乡亲们纷纷赶来援助,那群木匠见势不妙,落荒而逃。洪天赏手上虎口被搭勾刮伤流血不止,他扯下布衣包扎后从容离去。台江坞里就在闽江边,不时有上游冲流下来的无名死尸停在水湾中。洪天赏心性仁慈,每每闻讯,必亲自前去收尸,筹钱安葬。从这些事迹便足见他勇担道义、乐善好施与敢拼敢创的精神。

洪氏家族："海丝茶王"的商业传奇与家国情怀

清道光二十二年（1842），鸦片战争后，腐败的清政府与英国签订《南京条约》，开放上海、广州、福州、厦门、宁波为通商口岸，称为"五口通商"。福州因此对外贸易日益繁盛，外商蜂拥而至。当时，英国怡和洋行人员经常与在台江码头的船工及搬运工闹矛盾，仗势欺人，洪天赏领头据理抗争，维护船工及搬运工的利益。同时，因他为人正直，诚实守信，协调处理好怡和洋行与码头船工及搬运工之间的矛盾，逐渐得到怡和洋行的信任。

光绪四年（1878），洪天赏获得了挂牌洪怡和商号的授权和怡和洋行福州船运码头事务的代理权，开始建构他的海上丝路商业版图。"洪怡和"商号除代理洋行船运码头事务，还兼销售南北土特产品及福建、台湾等地名茶。洪天赏因此逐步恢复了祖上的船运事业，令洪家航运风帆再起。

"洪怡和"商号的航线上至华北、东北，下至厦门、台湾、南洋等地。这些航线为未来洪家茶的崛起和繁盛奠定了航运基础，是其能够快速打开市场的关键因素和远销海外的关键支持。航运业、茶业、金融业后来成为贯穿洪家茶整体事业的三个关键部分，三大主业相辅相成，成为其后来能抵御官僚资本主义致命打击的根本，成为其在战乱时期继续开拓事业疆土的重要保障。洪天赏由此受到清政府的嘉奖，被授予红顶商人"五品顶戴"。其父亦被追封为"五品顶戴"，其母和妻子授予"宜人"封号。

后来，其挚友、近代著名文学家陈衍在其《石遗室文集》中写有"书洪天赏事"一文，并撰《金门洪景星先生墓志铭》，铭评曰："趋时观变猛而骛，前沉后扬足扶义；江神海若敛恣肆，蒙襫咨甋纷涕泗；俾尔绳绳毋失坠，既佽既息妥此隧。"墓志铭中还提到，"海上遇险，九死一生，乐济善施，茶厂员工达数百人之多。烈屿洪氏，颇具拼搏冒险的精神，商机能应变，艰难创业，百折不挠，金门人习性如是"。当时的寿山石篆刻薄意大师林清卿为其墓志铭刊石。

艰苦创业 成就茶王

福建自古茶叶，闻名于世。茶叶一向是西方贵族的时尚饮品。福州港临近武夷山茶叶主产区，鸦片战争之后，其被迫成为"五口通商"口岸之一。当时《东亚各港口岸志》指出，福州"为南洋之第一要冲"，是"中国东南之财源"。"海禁既开，茶业日盛，洋商采买，聚集福州。"福州被辟为"五口通商"口岸后，华茶贸易一时兴盛，茶市最鼎盛时期约在19世纪60年代至20世纪初叶。当时，靠近闽江的台江上下杭、苍霞洲一带，占有天时与地利，成为茶叶出口的集散中心，茶商云集，逐步成为世界著名茶叶贸易港。福建各地茶叶多集中到福州出口，包括花茶、红茶、绿茶等，福州港输出的货物总值中茶叶占80%，远销英、俄、德、荷等国。

鸦片战争之后，洪天赏目睹清政府腐败无能，民不聊生，导致帝国主义列强在中国领土上横行霸道，深为愤慨，立下走"实

洪氏家族："海丝茶王"的商业传奇与家国情怀

业救国"的志向。他借助福州港兴起的便利条件，发挥祖传航运业优势，开始在商贾云集的台江逐步做起茶叶生意，创办了洪家茶，以健康茶品取代烟毒，从此开创了"海丝茶王"的商业传奇。

经商经验丰富的洪天赏很早就敏锐意识到茶叶贸易庞大的市场空间，考虑开辟茶叶生产基地，壮大贸易事业。1893年，他把年仅8岁的独子洪发绥（字心广）带往隔壁杨氏所开的"福生隆"茶行拜师学艺。洪发绥天资聪慧，少年老成，学满归来后，便开始帮助父亲筹建制茶工坊，负责把控茶叶生产制作工艺。1897年春，"洪春生"茶庄在后洲坞里祖厝（今安平小区）成功开办，洪天赏负责本家及全省各类茶业的贸易，洪发绥协同聘请的制茶师傅负责生产制作茉莉花茶、红茶等各类茶叶，从此拉开了百年"洪家茶"光辉历史的序幕。

洪发绥深知，花香茶制作成功的基础在于拥有充足的优质茶叶货源。为此，他不辞辛苦，足迹踏遍了闽粤赣的山山水水，遍访茶农四处学艺。他在武夷山设厂，精工制作水仙、乌龙、奇茗、色种等武夷山特色茶种，供应市场。此外，除本庄制作的洪家茶，他还采购黄山芽茶、杭州毛峰、龙井、大方等红黄青绿诸色名茶，源源不断地从福州港销往中国各个港口城市。在本土站稳脚跟后，他瞄准海外，通过几年努力逐渐打开了东南亚市场，在新加坡、印尼、菲律宾、韩国都设有分号，接着跨洋过海打入英国、美国、苏联等欧美市场。至20世纪二三十年代，洪家茶已在全国及东南亚、朝鲜等地设立茶庄和代理商共有40多处——早在百年前，

"洪家茶"已在尝试开创现代商业的连锁模式。

有一次，洪发绥到福州人聚集的新加坡、菲律宾以及南洋各地考察茶市，发现南洋诸地因为常年气候炎热，导致瘴气严重，当地人喜欢喝茶消解，以洪家茉莉花茶、福安白茶、建宁莲心茶等有清凉解毒功效的产品试销，没想到深受欢迎，市场潜力巨大。结果可想而知，洪家茶在当时南洋群岛家喻户晓，走入寻常百姓家，洪家也因此大发利市，赚得盆满钵满。

世代经商的洪家有很强的品牌意识，用现在的话说是有很强的知识产权观念。父子二人制作的茶叶在有司注册了"洪"字商标，在市场上被人们称为"洪字茶"。洪家茶追求特色，物美价廉，质实茶香，薄利多销，是一家被人称作有良心的商家，其向市场推广的普惠茶，将"上等茶叶，中等价钱"文字直接印在商标上，广而告之。同时把闽南、台湾的特色糕点、贡糖和福州五香橄榄作为洪家各地分庄的

★ 青岐岩莲香民国商标

特供茶点,深受茶客欢迎,生意火爆。

洪发绥拓展"海丝"茶王国、推动"洪家茶"国际化时,除自营外,还采取与当地茶行合作的方式,快速拓展茶叶销售版图。据台湾茶史专家池宗宪的《茶装甘醇》一书中记载,洪发绥在新加坡设立了炳记茶行,在韩国仁川和万聚东茶行合作,在菲律宾和胡合兴茶行合作,在印尼泗水和振东栈茶行合作。

产销两翼 蓬勃发展

随着洪家生意红火,洪发绥准备广置良田,建设厂房,扩大再生产,他的梦想是要让自己从"中国茶王"走向"世界茶王"。1902年,洪家在台江中选路投资创建了福胜春茶坊。洪发绥取"福"字是感念师恩,纪念师门"福生隆"茶行;取"胜春"二字是鞭策自己,有朝一日要胜过带"春"字的几家老牌茶行。

坐落在中选路的福胜春茶坊旧址至今还在,占地面积一亩多,二层砖木结构,为近代西洋式建筑,呈长方形,两端有典型的八角楼。建筑檐口做砖砌线脚,正立面拱窗发券,窗下宝瓶柱栏杆。楼顶在正立面方向砌有女儿墙。正立面山花灰塑"地方国营福州第三印刷厂"字样,是当时福州规模、格局和质量一流的建筑,福胜春茶庄出品的茶罐上曾印有这座建筑的照片。后来,由于洪家投建了规模更大、更加现代化的茶厂后,将其卖给了原百城印刷厂,这是后话。

★ 俯瞰福胜春茶庄中选茶厂（后为第三印刷厂）

洪家茶业产销规模发展迅猛，洪天赏遂将洪家茶庄交给儿子洪发绥管理，自己负责销售和贸易，兼料理洪家慈善事业。此后，中选路的"福胜春"负责生产，台江坞里的"洪春生"负责批发和贸易，与"洪怡和"茶庄一同在福州茶帮中立为魁首，三大茶行犹如三驾马车齐驾并驱，在当时的福州口岸赫赫有名。

1926年，为方便运输，解决产销矛盾，洪发绥收购了位于台江苍霞洲的"银钱制造局"厂房，以及屋后一片三亩多的空地，建造最新式的福胜春制茶厂。洪发绥特别聘请美国建筑大师负责设计，建厂房所用的钢筋水泥全部从国外运回。新厂房于1930年落成，系四层西式水泥结构的红砖建筑，为民国时期台江一带，除青年会外最高最大的建筑。建筑层高6米以上，通透敞亮，墙体厚度48厘米，室温冬暖夏凉。第四层阁楼设立花茶研究室，

洪氏家族："海丝茶王"的商业传奇与家国情怀

独具特色，由洪发绥亲自参与设计，其天花板分为两层，屋顶为玻璃材质，内层则是可以推动的木窗，可调节光线，辨别茶品质；阁楼的大梁有成年人腰身粗，窗户是木铁双层，外层是木窗，里面为铁窗。制茶需要控制温度和湿度，下雨天烘干的茶叶，关上铁窗，外面的潮气透不进来，起到提高劳动效率和防止茶叶因湿度变化而影响质量的作用。厂房后面原有一座西洋别墅占地一亩多，内有一口深井可暗通闽江，与江水共潮汐。茶厂和别墅住宅区由一座天桥连成一片——可惜天桥和别墅在20世纪80年代遭到拆迁——整体建筑建成时，轰动一时。据说，当年这栋房子一度被用作躲避轰炸的"防空洞"。目前，该建筑与中选路的"福胜春茶坊"（后为福州第三印刷厂和福州市图书馆），于2017年4月一并列入《福州市人民政府关于公布福州市第一批历史建筑名单》。

洪家有着非同寻常的商业视野。新的福胜春制茶厂投产后，茶叶生产由手工转向半机械化，大大提高了产能。1932年，产销质优价廉茶叶达3万多担，许多地方每年新茶上市，皆需等待洪字茶开市开价。1934年，福胜春制茶厂达到了鼎盛时期，年产量达4万多担，员工达千人之众，其中制茶师傅达200多人。洪家"思安堂日记"记载："民国二十二年（1933）年终结账，自有资金621万元折黄金30万两（不包括不动产及上海康元厂、福州电灯厂股票等）。"洪发绥凭着闽南人"爱拼才会赢"的奋斗精神和自身的真才实干，使洪家茶迅速发展壮大。

《名人与台江》

1935年10月，福州钱庄业在下杭路发起成立私营福州商业银行，由晚清翰林民国省财政厅长陈培锟提议，洪发绥众望所归地成为首任董事长。洪家茶也迎来最为鼎盛的时期。洪发绥梦想着能继续大展拳脚，一展宏图。同年，洪发绥在福州台江鸭姆洲（现台江瀛洲）购地30多亩，拟用其中10亩建年产20万担以上机械化生产的现代化工厂，剩余土地栽种各类茉莉花及其他花卉作为实验基地。但是世事沧桑，这一宏伟蓝图因日寇的入侵而破灭。

在那个大多数人还不知道"世界有多大"的年代，洪家已把自产的茶叶送进了1933年美国芝加哥世博会，并捧回了一枚银牌奖章。早在1929年，杭州西湖博览会对全国各茶庄陈列出口之茶叶进行评议评奖，福建闽侯福胜春"珠莲心茶"荣获特等奖；1935年在台湾博览会上，福胜春名优茶荣获一等奖；1936年，厦门同商公会在岛美路头旧太古栈房（今华联商厦）举办为期14天的国货精品展，洪家茶荣获特等奖；洪家名品"清香雪"绿茶成为朝鲜侨销茶大宗专供产品。这些荣誉使"洪家茶"名声大振，闻名海外。此后，"洪家茶"沿着闽江水上茶路远销中国沿海省市和东南亚及欧美国家，在民国时期海内外茶客中享有"刀牌烟仔洪字茶"之盛誉。

"洪家茶"及"福胜春制茶厂"是台湾金门人洪家父子在福州创立的一个重要文化遗产，对福州茉莉花茶的发展及销往世界各地做出了贡献，更是福州海上丝绸之路重要枢纽地位的见证者和实践者，值得历史铭记。

洪氏家族:"海丝茶王"的商业传奇与家国情怀

服务大众 行善一生

洪天赏、洪发绥父子虽然生逢乱世,但其勇敢正直、宅心仁厚。洪发绥二十几岁时,曾经得到福州西禅寺古月禅师的开示:成功人士都是广结善缘,服务大众。洪发绥还与鼓山涌泉寺长老虚云大师结为忘年交,得到大师不少指点。后来他开诚布公地将"我愿结识天下人"印在"福胜春"茶叶罐上,也因此开启了洪家和他自己坚持一生的慈善公益事业。

——关注底层。成立"悦颐堂"。"悦颐堂"里有涉及邻里妇女和茶厂女工等生活困难之事均由祖母陈宜人、母亲郭氏负责,还常安排身边人到邻里私访,打探她们的生活情况,暗中关心、帮助并解决困难;

——建设会馆。发动在榕厦漳泉的闽南乡亲捐资建造南郡会馆,洪发绥亲任理事长;

——兴办义学。在陈宝琛、陈衍的倡议下独资兴办南郡公学(下杭小学),有困难的闽南籍子女可免费入学;每年捐资给金门的国民小学;

——赈灾济困。1926年,洪家响应萨镇冰号召,捐巨资参加救济南港兵患赈灾;制造"止血枪刀粉"和"感冒散"以及防鼠疫、霍乱等药水济急;救济邻里,施棺、施产粮和施钱(困难者可领大洋三块)等;厦门福胜春茶庄兼接待金门乡亲,金门贫困乡亲每人可领到大洋三至五元，前往南洋等地的可领大洋十五元做盘缠路费。台江坞里木屋众多，经常发生火灾，洪家多次对无家可归的邻里提供免费食住，帮助他们重建家园；1934年9月，福州鼓山回龙阁不慎失火烧毁，洪发绥参与募捐，完成了回龙阁、岁寒寮等工程的重建；与福州、闽南、台湾、东南亚等佛道教宫庙结缘，提供道茶和禅茶；

——铁肩担道义。民国时期，福州乾和裕钱庄发生了滚票事件，情况危急之中，该钱庄老板找到洪发绥，要求帮忙筹集15万大洋。洪发绥急人所急，马上作担保替他向中国银行借钱应急，另一方面让人在钱庄大门上贴出告示："凡持乾和裕钱票者不论多少钱，三日内可到苍霞洲福胜春制茶厂或坞里福胜春茶庄取现。"民众见告示的署名者是洪发绥，很快就平息了滚票事件。

——义助同行。洪发绥还热心帮助中洲岛新常安轮船公司老板王梅惠售茶2000担，解决其资金周转困难问题。洪发绥与钱庄关系好，威望高。当时，福州许多钱庄存有大量茶庄的"死押"茶叶，但隔行如隔山，钱庄对贩卖茶叶一窍不通，就通过关系人找到商界信誉好的洪发绥帮忙。洪发绥二话没说，通过洪家在国内外的销售网络迅速地将茶叶销售掉。此事既积累了人脉，解决了钱庄的燃眉之急，又为洪家茶今后的发展赢得良好的口碑。

洪氏家族："海丝茶王"的商业传奇与家国情怀

情系家国 支持抗战

洪家开明正直，有强烈的爱国爱乡情怀。1903年，洪家特制高山红茶"青岐岩莲香"。"青岐"表明洪家祖籍金门青岐乡；"岩莲香"指茶汤质地如岩石，幽香似莲花，寓意做人不忘家乡。

洪家支持抗战、支持革命事业。1904年，日俄战争期间，洪家目睹侵略者暴行，义愤填膺。由于洪家在大连、营口、青岛等地都设有分号，洪家以茶为武器，在销售过程中，呼吁同胞们奋起抗争，夺回旅顺和大连，并在洪家茶的木制漆艺茶盒写上"协心同力，争回旅大"8个大字，抒发国人心声。

1920年，有一革命者因伤受洪家庇护，藏在坞里茶行养伤长达半年之久，直到伤愈后离开。洪发绥还托付厦门福胜春茶庄掌柜，在崇安采茶期间，每次把200块大洋藏在腰带里，暗中资助崇安游击队。

"九一八"事变后，日军发动侵华战争。洪发绥积极支持抗战，担任福建省抗敌后援会战时省际贸易设计委员会常务委员，出资购买救国公债法币30多万元（当时1元法币相当于1个银圆）。他还发动茶厂女工、台江群众一起捐资抗战。1937年8月24日的《福建民报》上，有一篇题为《倭寇暴行 福胜春制茶厂拣茶女工输财助边》的报道，讲述的就是洪发绥号召茶厂女工一起购买国债支持抗战的感人故事。

1941年,侵华日军攻陷福州,日本人试图劝说洪发绥进入维持会。56岁的洪发绥性格刚烈,面对日寇的威逼利诱,他选择宁死不屈,不惜关停福州所有茶庄茶厂,遣散茶师和伙计,带领全家50多人出走鼓浪屿、香港,保存了民族气节,受到了闽都人民的赞佩。

1945年抗战胜利后,洪发绥再次踏上故土。他想重新缔造一个茶业奇迹,却不幸积劳成疾,无力回天。1946年农历六月十五日,一代"海丝茶王"洪发绥带着"世界茶王"的梦想在苍霞洲家中去世。

传承非遗 联谊两岸

过去,每年在陈文龙诞辰及殉国纪念日,洪天赏、洪发绥父子都要组织茶帮、船帮学子及附近的商帮学子前往坞里万寿尚书庙敬拜尚书公,鼓励学子们刻苦学习,金榜题名,成为国家栋梁之材。每年春秋两季,洪家父子组织茶帮各商号在万寿尚书庙里举行春季斗茶大赛,把最好的茶供奉给陈文龙尚书公、天后妈祖娘娘、慈航观音菩萨,祈求茶路平安、生意兴隆。同时,举行"封茶"仪式,即把各类优品茶封入陶罐中,贴上封条,写上对来年的愿望和祝福,几年后再重新启封祭拜、品鉴,表达对天地神的敬畏和惜物之心,这也逐步演化成福州市非遗"茶帮拜妈祖"的民俗文化活动。

洪氏家族:"海丝茶王"的商业传奇与家国情怀

洪发绥过世后,洪氏族人四散到香港、厦门、新加坡等地,洪家茶从此沉寂。洪发绥夫人张素贞将儿子洪汝宁交给洪家抚养,独自去了香港和新加坡(2001年在新加坡过世)。在其后的漫长岁月里,张素贞没有再婚,把洪家茶的茶叶包装纸、茶票、茶标、茶罐及各类制作技艺秘方藏在行李中,漂泊到哪里就带到哪里。

1993年,张素贞回到福州,一并带回了洪家茶秘方等珍贵物件。这一份祖传秘方的再现,燃起了洪发绥之孙洪植锦恢复洪家茶的热情。洪汝宁和儿子洪植锦开始四处搜集洪家茶的相关资料和老物件。2010年,洪植锦开始专注学习茶叶制作评鉴等技艺,挖掘百年来洪家茶的历史文化,力求还原洪家茶的历史风貌。他踏着祖上的足迹遍访全国各地名山名师,开始了"复兴洪家茶"的漫漫征程。2014年,洪植锦开设了"福州福胜春茶业有限公司";2016年,百年洪家茶"福胜春"字号获评"福建省老字号";2017年,洪植锦深研数年,终于在福建省茶叶研究所技师刘敦的协助下,让百年洪家茶的非遗红茶名品"青岐岩莲香"得以再次飘香。

洪家茶的制作工艺流程复杂,选材严格,是几代传承人共同坚持、长期总结的智慧结晶,难以为现代工艺所代替,是极其宝贵的两岸海丝文化遗产。其制作理念遵循自然之道,遵循古法"雨天不采,晴天有云不采,到晴露方可采摘"的要求,选料以野放茶为主。"青岐岩莲香"独特的地方在于做青中它多了一项能使成茶散发出独特的花果幽香或草木丛香的工序,其特有的"微做青"工艺，使茶汤更清透，韵味更足，深受社会各界喜爱。

2018年3月，百年洪家茶制作技艺被列入福州市台江区非物质文化遗产项目保护名录；同年12月，被列入福州市非物质文化遗产项目保护名录之中；2021年11月，百年洪家茶被列入"福建省第七批省级非物质文化遗产代表性项目名录"。

洪发绥之子洪汝宁是福建省及福州市金门同胞联谊会创始人之一，数十年来致力于推动两岸民间文化交流。洪汝宁之子洪植锦是福州市金门同胞联谊会常务副会长，近年来他亲力亲为推动举办"两岸茶帮拜妈祖""两岸学子敬状元"等活动，重现福州百年茶业贸易盛况。如今，洪家茶第五代传承人洪卉，也熟练掌握了百年洪家茶的文化及制作技艺。她随父亲在福州、上海、杭州、苏州等多个城市设立了洪家茶非遗传习所，传播福州非遗茶文化。同时，以茶为媒，促进两岸学子的认识了解及两岸茶文化的交流，激发两岸青年学生爱国爱乡之情。

欧阳家族：生顺茶栈

欧阳雨锃　欧阳芬

"如许闲宵似广寒，翠丛倒影浸冰团。梅花宜冷君宜热，一样香魂两样看。"这是明朝沈宜修所写《茉莉花》一诗，这也是中国福州茉莉花茶窨制工艺始祖欧阳家族的真实写照。"生顺茶栈"作为福州商贸的一张旧名片，它谱写了百年福州商贸辉煌的历史，在福州拥有商号"一枝春""第一峰""阜兴春""大生福""大生发""星隆""乾记""同亨""阜昌""同安"等。据《福州工商史》记载，生顺茶栈高峰批售量，年约两万担，被称为"花帮之王""茶帮之王""东南茶王""茆茶之魁"，是中国茉莉花鼻烟灌香、茉莉花精油、花膏提炼和中国茉莉花茶现代窨制工艺、花帮的始祖。它见证了上下杭商业街最繁荣的历史，是让福州茉莉花茶走向世界的起源地，同时"生顺茶栈"曾作为中华民族解放先锋队福州队部、福州工委旧址、中共闽浙赣省委地下党交通联络站、福建省委驻沪地下党交通站福州联络站、城工部地下党联络站，见证福建、福州近代革命史的一部分，为保护濒临灭绝的中国长乐桃坑茉莉花品种（单瓣茉莉花、尖瓣茉莉花、宝珠茉莉花、多瓣茉莉花）、为福建和福州的抗日救亡和解放事业做出了重大贡献。

露华洗出通身白

　　福州下杭路与白马路交界处的 238-240 号，就是当年名闻遐迩的"生顺茶栈"，是掌门人、"东南茶王"欧阳玉良（又名欧阳康）的故居。这排灰砖大宅里，当时栈内进出 1000 多名员工，在内河码头上最好的位置——两河汇聚、三面环水、2700 多平方米的大院，忙碌的繁荣景象。岁月磨去了大宅原有的模样，甚至磨损了人们的记忆，但老宅里的雕梁画栋却依稀闪现着当年的辉煌。据族谱记载，福州欧阳家族是欧阳修的后裔，从明正德年间（1520）开始与茶叶打交道有 500 年历史，从明末清初将茶生意从长乐转至福州，在福州下靛街（下杭路西端）开设"恒远堂"天津帮下的茅茶帮中的福长兴帮——"生顺茶栈"。

★ 生顺茶盒　　欧阳雨锃（提供）

欧阳家族：生顺茶栈

欧阳家族商帮总堂号"恒远堂"，下设茅茶帮、芽茶帮、厢茶帮、天津帮、洋行帮等。其中的天津帮又设福长兴帮即长乐帮、福泉兴帮即泉州帮。福长兴帮包括"生顺""生福""生发""生盛""胜发""福胜春"等七八家商号，一年销售量达十几万担，因茶品好、信誉好，很快成为福州数一数二的大茶商。其中，规模最大也是经营最好的"生顺茶栈"产供销一条龙，鼎盛时销售量就达两万担以上。

"生顺茶栈"是由欧阳玉良于1885年创立，"生顺"名字是欧阳玉良的忘年交、光绪皇帝的老师翁同龢老先生取的，是福州话中的"3与6"之意，寓意是生生不息，一帆风顺。拥有"生顺茶栈"的欧阳家族是福州当时唯一的集花帮、花田、鲜花提炼、压花出油、鲜花销售、茶帮、茶山、茶叶加工厂、茶叶交易站、茶店、茶行、钱庄、当铺、木材、书店、糖厂、纸行、运茶、茶仓、纺织、轮船公司、码头船坞于一体的茶商巨擘，曾在福州台江汛码头建立了当时全国最大的茶仓——福州第一茶仓。茶栈是当时福州最大的茶行、茶叶加工厂和茶商交易站，在福州拥有十几家厂房店铺，茶叶中外驰名、并在国内监制各省。在北京、天津、上海、广东、安徽、山西、浙江、江西、河北、山东、云南、湖南、湖北、内蒙古等国内各省和英国、美国、日本、俄国、法国和东南亚、台湾、香港等国家和地区开设分号，茶叶远销英国、美国、德国、瑞典、荷兰、西班牙、葡萄牙、法国、澳大利亚、埃及、南非、俄国、内蒙古、新加坡、马来西亚、印尼、泰国、

《名人与台江》

★ 欧阳族徽　　　　欧阳雨铿（提供）

菲律宾、越南等亚洲、欧洲、美洲、非洲的主要国家和地区，拥有通往欧洲、拉美、非洲、东南亚和大洋洲的环球贸易线路。因此，欧阳玉良被誉为"茶帮之王""花帮之王""东南茶王""茅茶之魁"。至今，欧阳家族的子孙遍布全球。

"生顺茶栈"经营的茶叶主做香花茶、红茶、绿茶，特别是香花茶，有茉莉花窨制的花茶，也有以珠兰、水圭、柚花、木兰、白玉兰等花窨制的花茶。茶栈旗下的"一枝春""星隆""乾记""大生发""大生福""第一峰""阜兴春""同安""逢春馆""乾记""同亨""乾泰"等各行各业商号多达几十家。在制茶方面，配置了全套独具特色的机械设备，严把茶叶生产过程道道工序，保证产品质量；在经营管理方面，为客户提供食宿及储存茶叶的仓库；与"林谦记"联手，扶持市郊战坂、城门、远洋、义序、白湖亭、鼓山、凤岗里和闽侯上街等地花农扩种；到崇安、武夷、安徽、浙江、江苏、江西、贵州、云南、北京、天津、山东、闽北、福宁府、闽南等地买山场，办茶仓，建茶厂，收购茅茶。在产品种类方面，加工销售上等优质绿茶、茉莉花

欧阳家族：生顺茶栈

茶、各类小种茶、香花茶、花橙白毫、熏香白毫、闽红茶、乌龙、青茶、武夷茶、砖茶等，其中"生顺茶栈"的花茶，因其独特香味被当时港英总督推荐给英国王室，继而远销欧洲，成为福建茶叶出口海外的第一家，同时，花茶还畅销华北、东北等地，吸引众多京、津、沪、皖、香港、东南亚的茶商慕名前来洽谈合作，北京"恒泰隆""聚义""隆泰"等因此前来福州开设茶庄、立分号，与生顺茶栈一起，将福建茶叶推向全国，销往世界。

欧阳家拥有独门绝技，就是用茉莉花、白玉兰、栀子花、桂花、柚木、玳玳等萃取花水、压花出油、浸膏提香等来灌香鼻烟壶、茉莉蜜香茶，时外埠商人多运鼻烟壶至长乐县欧阳家，以茉莉花薰制，芬馥称绝。但由于花费人力、时间甚多，从茉莉花提炼出来花膏、精油，量少且昂贵，仅权贵使用。北京鼻烟商"汪正大号""谊兰和"等积极为官员与西方贵族服务，仰慕欧阳家鲜花之名，将鼻烟运抵福州，请欧阳家代为加工。茉莉鼻烟盛行后，因剩余香花太多，欧阳家又

★ 欧阳氏图腾　　　欧阳雨铿（提供）

结合大方茶、闽汶水炒青、烘青绿茶、碳焙工艺，进行香花熏茶技术创新，成功研制出近代福州茉莉花茶窨制工艺。

为开展茶叶贸易，欧阳家的商帮与船队先后开辟了十多条贸易线路，主要有四条：

第一条线路是船队经上海、天津、青岛、烟台、营口转湖北入河南到山西，过沙漠到达俄国恰克图贸易，转销各国。欧阳家是俄国人开的福州阜昌砖茶厂的股东。

第二条线路复杂一些。从清康熙到乾隆年间一口通商开始，福建茶叶从星村—江西铅山河口—经鄱阳湖—南昌—赣州庚县—挑运至广东省南雄州的始兴县，从始兴县再装船运至韶州府曲江县，从曲江沿北江顺流南下运抵广州，而后通过广州十三行运往世界各地。1853年太平天国与小刀会起义切断了广州、上海港通路，福州港崛起，商队直达牛庄、营口、青岛、大连、上海、天

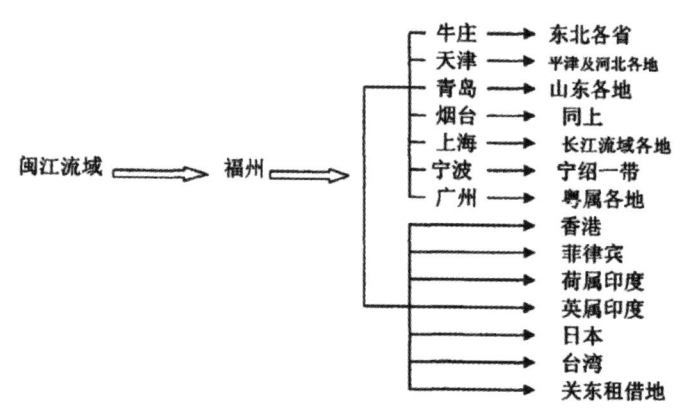

★ 民国建设厅福州茶船路线图旧档　　　　　　　　欧阳雨锃（提供）

欧阳家族：生顺茶栈

津后，走陆路到张家口、北京，装驼队进入沙漠到恰克图、内蒙古，再转销各国。

第三条线路是从福州—天津—黑龙江到俄国的海参崴（军舰）转销各国。

第四条线路是国际海运。欧阳家与英国著名大茶商霍尼曼（Horniman，1901年在伦敦南部成立霍尼曼博物馆）家族是至交，多有生意来往，欧阳家商号出口到英国的茶叶、瓷器、丝绸及其他中国产品全部由霍尼曼家族经销。1869年苏伊士运河开通后，促进了国际航海业以及国际电讯事业的发展，降低了运输的成本，也缩短了茶叶产销之间的距离，加快了新茶上市的时间，茶叶从福州港经台湾海峡—马六甲海峡（新加坡）—斯里兰卡—马尔代夫—索马里半岛—红海—开罗—苏伊士运河—地中海—直布罗陀海峡—北上经巴黎—伦敦等欧洲包括英国、法国、

★ 欧阳玉良至交英国茶商霍尼曼家族茶叶广告　　欧阳芬（提供）

185

西班牙、葡萄牙等各国,同时,海上线路经过苏伊士运河—黑海—敖德萨港,可以直达俄国。

沉水熏成换骨香

生顺茶栈创始人欧阳玉良不仅是一位成功的商人,更是一位富有民族气节的爱国者。为了推翻腐败的满清政府,孙中山先生曾到福州募捐,欧阳玉良慷慨地拿出白银及金条支持革命。1941年4月,日寇第一次侵占福州,目睹美丽河山被日军无情践踏,欧阳玉良心急如焚。一天,汉奸带着喜欢喝花茶日本鬼子走进"生顺茶栈",说是要买茶叶,欧阳玉良铁骨铮铮,声音琅琅:"我的茶叶只卖给中国人,不卖给日本鬼子!"日本鬼子端着刺刀在他颈脖比画,欧阳玉良大义凛然:"杀吧,中国人是杀不尽的。"不久,又有两位本地商人来到了"生顺茶栈",劝说欧阳玉良担任日伪控制的"福州总商会"会长一职,欧阳玉良抑制不住心中的怒火,当场拍案而起,毅然决然地说:"我决不当汉奸!"当场叫家人把这两个没骨气的商人赶出家门。

在日寇侵犯福州期间,欧阳玉良做出了许多惊世骇俗的事,令人看到了他大义凛然的民族气节。比如,他号召国人抵制日货,带头将自家茶叶倾倒到闽江里去。又如,为阻挡日寇从水路侵入福州,在闽江口构筑阻塞线,他做出了一个惊人的决定,毅然将自家"乾泰"轮船公司所属的"镇波""海邹""澳江"3艘商

欧阳家族：生顺茶栈

船全部装上石块，自沉于闽江口。他对儿子们参加抗日秘密活动从未过问和提出反对意见，支持儿子们的爱国运动。

1942年4月，欧阳玉良在重病缠身，怀着对祖国深沉的爱和担忧中华民族沦亡中含恨辞世。

欧阳玉良的儿子——欧阳天年、欧阳天定在父亲爱国精神的感召下，为抗日救国走上革命道路。1937年随着卢沟桥的一声枪响，抗日战争全面爆发，此时全国范围内的救亡运动也达到了高潮，在福州许多年轻人以游行的方式来表达对抗日的支持。

1938年4月，新四军福州办事处主任王助率郑挺、李铁、舒诚等人下榻生顺茶栈。之所以选择茶栈，主要考虑这个处所不仅进出方便，关键还很隐蔽。茶栈其实还是为茶商及工人提供食宿方便的厂栈，四邻有几座房屋毗连相通，前门在下杭路，后门直通何厝里、上杭街；从一个房门进去，七拐八绕可以穿过许多房屋，从隐蔽不易被人发觉的小门走出大院，人不知鬼不觉。院子大、茶箱、茶袋多，可以将它们垒积起来，就成了一间间的小房子，

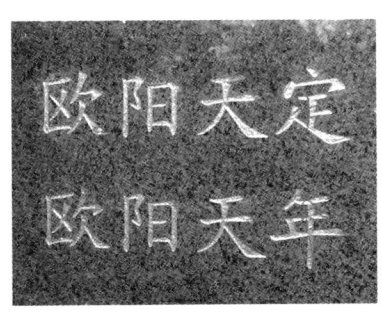

★ 欧阳天年名字永远镌刻在福州抗日志士纪念墙上　　　　欧阳雨铿（提供）

外观看似茶堆，实际上可以当作小房间，茶栈内有不少床、棉被、蚊帐，整理一下就可以住人，吃饭随时可以到栈内厨房购买，非常方便，而且茶商和制茶工人等人来人往多，有的彼此互不相识，是开展革命活动的理想场所。

　　1938年6月的某一天，新四军福州办事处在生顺茶栈后屋书斋大厅召开会议，王助、郑挺、卢懋榘、舒诚、李铁、黄宸禹、欧阳天定、欧阳天年出长席，大会由李铁主持。会议决定成立"中华民族解放先锋队"福州分队（以下简称"民先"），任命郑挺为队长、欧阳天定为副队长、舒诚为党团书记。"民先"以抗日后援会第31分队（是当时国民党认可的群众团体，实际上由共产党秘密领导指挥，该队的队长欧阳天定，副队长陈馨）的名义公开活动。值得一提的是，新四军福州办事处在"生顺茶栈"办培训班或秘密开会，所有费用均由欧阳家承担。

　　"民先"成立后，积极向民众宣传抗日。欧阳天年兄弟出资2000元购买油印机、油墨、蜡纸、刻板等设备材料，在家里刻写印发福州中华民族解放先锋队宣言；由郑挺、李铁等亲自编写稿子，印发抗日宣传传单。特别是发挥欧阳天年毛笔字好、会讲官话、又懂英文、俄文、法语的优势，由他和黄宸禹一起编写"大家看"墙报，每日一期，贴在大桥头，报道国家大事；在南台万寿桥设置木制广告牌，刊登抗战消息，抄录抗战歌曲，登载有漫画、通俗文艺作品等，宣传党的抗日立场、观点和政策；当大批进步书刊经邮局、轮船、电台或人力送到福州后，又运用多种宣传形式

欧阳家族：生顺茶栈

和渠道，宣传党的革命思想；舒诚、欧阳天年等"民先"骨干还在西门、后街、高湖和南屿一带开办夜校，积极地向群众宣传抗战形势，同时还教唱抗日歌曲，让群众受到抗日救亡思想的熏陶，其他"民先"队员还深入到南街、三坊七巷、文山、英华、协大等学校和医院、工厂、银行等单位开展抗日救亡的宣传活动。"民先"骨干们积极发展队员，在小学教师、中学生、抗敌后援会宣传队、抗敌妇女宣传队中建立组织，短短的几个月时间，就在福州发展了60余名成员——队员统一着装，并佩戴由欧阳天年设计的圆形徽章；组织读书会，由欧阳天定、欧阳天年利用自家"逢春馆"书店提供进步书籍，举办理论研讨，分别请卢懋榘讲授哲学，李铁讲社会发展史，帮助队员提高认识，明确前进方向。

1938年8月，中共福州工委在生顺茶栈成立后，"民先"改

★ 李铁、黄扆禹曾经藏在这里躲过敌人追捕　　　欧阳雨铿（提供）

由工委领导。在工委的领导下，欧阳家的俩兄弟默默地为革命做着不为人知的工作。比如，就在这一年的11月，从经闽北山区来到福州的顾风那里，欧阳天定、欧阳天年兄弟得知中共闽浙赣省委为方便与党中央、新四军联系，急需一位懂无线电收发报的人才，便将业余无线电通讯组织会员的高振洋推荐给顾风，从此高家兄弟走上革命道路。

1940年冬，欧阳天定接到党组织命令，到孤岛租界上海建立福建地下党交通联络站。欧阳天定利用去上海读书、结婚定居之机，由郑挺介绍，以"民先"队员名义到上海金神父路金谷村，与上海地下党员吴蒙、王荣寿等人取得联系，再由他们介绍与大同大学党支部书记的肖子岗、北平民先成员张纪无等人认识，三人一起以大同大学生的身份为掩护，开展工作。而在福州，工委领导李铁指示，福州联络站与上海的联络工作由欧阳天定和欧阳天年单线联系。

欧阳天定利用各种资源为革命工作提供方便。其岳父王增祥曾是福州轮船界的巨商，拥有新常安轮船公司，后赴上海发展，成为上海巨商，拥有上海多家轮船公司，是闽侨山庄公墓的发起人，曾任上海福州同乡会董事、福州三山会馆理事，经济实力非常之雄厚。为开辟闽沪地下交通线，欧阳天定抵达上海后向岳父借用方滨中路私宅4处，其中一处无条件提供给上海地下党作为区青少年团部，两处给肖子岗开设宜兴糖业公司，方便开展地下联络工作，也作为福州地下党交通联络站的住所。自此，欧阳天

欧阳家族：生顺茶栈

定一边就读大同大学，一边购买大量进步书籍，通过在常安客货轮担任买办职务的妻舅，运回福州交由欧阳天年转运给福州地下党组织。除此之外，欧阳天定还接待和掩护从福州联络站到上海的"民先"队员，特别是1939—1940年间，郑挺因病赴上海治疗，所有事宜均由欧阳天定等协助办理，安全治愈后将其送往苏北解放区。在整个抗战过程中，欧阳天定不仅将家族在上海所有的产业都用于革命工作，连岳父给妻子的6000银圆陪嫁，都拿出来给党做活动经费，还购买了大量药品送往急需的苏北解放区。那时，地下党需要一部电台，他辗转从美国托华侨带回，党需要大笔资金购买军用物资，他一时凑不出来，就将自己的英国大炮牌摩托车卖了500银圆凑上。

欧阳天定赴上海工作后，欧阳天年继续在福州开展革命工作。当年，欧阳天年和他的二哥欧阳天帮一起掌管家族的茶叶生意。他从小刻苦好学，会讲官话即普通话，很小就掌握了制茶的每道工序。为了扩大家族生意，他经常出差到外地了解当地

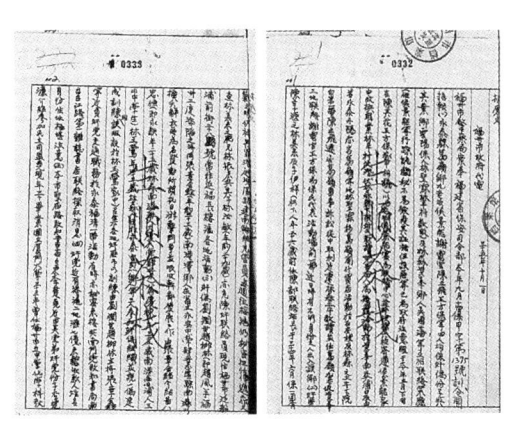

★ 民国三十五年10月1日福州市政府代电把欧阳家书店列为敌奸点监控　　欧阳芬（提供）

的营销情况和需求，与香港、英国、法国、俄罗斯商人交流沟通。他不但善于经营业务，还是个聪明好学、严于律己、乐善好施的"好善人"。他将每年制茶过程中剩余的茶末、茶梗加以利用，经过一次又一次试验，终于成功研制成可以治病的中药秘方，用祖传秘方熬制成"生顺茶膏"——具有治疗伤风咳嗽、火大喉痛、腹泻、去痛毒、治抑郁症等症状的功效，疗效很好，他无偿分发赠送给生病却买不起药的贫穷人家。每到发放赠药的日子，"生顺茶栈"门口总可以见到自动排着长队的百姓在此守候，领到茶膏后爱不释手，感恩不已。

欧阳天年充分发挥"生顺茶栈"的商贸特性，以用地利开展革命工作。为不引起国民党特务的怀疑，地下党的同志经常以茶商或伙计的身份，频繁进出或常住于"生顺茶栈"和福州第一茶仓等处所。欧阳天年亦利用频频外出的机会，护送多位地下党员至上海、苏北、华东局等地，交由欧阳天定接收，经上海前往苏北解放区。

1941年，时任中共福州工委书记的李铁因受伤，伤口感染。当时各种药物被国民党严控严查，福州缺医少药，必须立即送去上海治疗。为让李铁得到及时救治，欧阳天年一开始准备让他乘飞机，不料到了义序机场，发现机场有国民党官兵在把守，只好放弃，然后花巨资买通国民党水警，在台江用自家轮船将李铁隐藏在船舱底层，从水路安全抵达上海，得到及时治疗，脱离生命危险。

欧阳家族：生顺茶栈

抗日战争胜利后，国民党反动派没有停止对革命的镇压，白色恐怖日趋严重，在福州的党组织屡遭破坏。由于欧阳天年十分谨慎，作为党的地下联络站的生顺茶栈依然没有被发现，他遵照中央的指示等待时机，保护好同志和自己。随着前线战事日趋紧张，伤员增多，药品等战争物资非常匮乏。欧阳天年接到上级任务，要求大量采购华东局和延安急需的盘尼西林、吗啡、磺胺、奎宁、阿司匹林等药品。当时，这些属于治疗枪伤和防感染的抗菌药以及镇静止痛药品属于军管物资，被国民党控制，不仅非常昂贵，而且不易买到。欧阳天年接到任务后，觉得这些药物虽然昂贵，但能救回无数前线战士的生命，义不容辞。他利用与英国、俄国、

★ 欧阳天年（后排戴鸭舌帽者）、欧阳天定（前排戴围巾者）兄弟、舒诚（后排）、高振洋（左一）、高力夫（左二）合影　　　　欧阳芬（提供）

法国、美国、香港等都有频繁的业务往来，以及茶帮之王身份、海外生意和曾是孙中山先生学生并曾在香港当外交官叔叔欧阳玉钧等优势，冒着生命危险，特别是冒着生顺茶栈作为地下党联络站有被暴露的危险，花巨资偷偷从香港转口采购大量的药品运到福州，然后把药品隐蔽伪装到自家乾泰轮船公司的茶船与烟船上，逃过国民党的严密盘查，秘密运往上海，由欧阳天定送往苏北华东局和延安。

1945年8月，省委决定重建中共闽江工委，李铁被选为工委委员兼组织部长。中共闽江工委成立后，李铁积极配合工委书记庄征开展城市党的地下工作。由于李铁原任过福州工委书记和闽江特委书记，轻车熟路，各项工作在短时间内便得到迅速发展，党的基层组织也陆续恢复。城工部成立后，李铁等根据区党委的指示组织学生开展"反饥饿、反内战、反迫害"的第二战线革命运动。在艰苦的革命斗争中，城工部的全体干部和党员，经受严峻的斗争考验。通过庄征、李铁等人的积极努力，使城工部组织又有较大的发展，不但在福州市区，而且在闽北、闽东、闽中、闽南，以至江西、浙江、台湾等地均有城工部的组织活动。

1947年夏天，欧阳天年接到了一个任务，党组织让他到福州城外接应一位地下党领导同志，并且一起将一部电台的配件送到太平山的一处地下党秘密处所。很快，他们就在城外的一间旅社接上了头。为防范于未然，经验丰富的上级决定亲自去勘察运送电台配件的路线，再次确定这条线路是否安全，并约定了汇合时间。后来得知，这位上级混入城中探查秘密路线时，不幸被叛徒认出，在被追捕当中不幸壮烈牺牲。在城外旅社焦急等待上级归来的欧阳天年，见约定时间已过，上级一直未回，判断上级可能已经出事。他知道此时任务已经落到了他一个人肩上。欧阳天年决定按照原先行走的路线计划入城。第二天清晨，他装成一个到城门与茶农谈生意的商人，并带上装有电台配件的箱子之后便向福州城内出发，快到了城门口时欧阳天年发现城中似乎已经加强了戒备，敌人对每个过往的行人严加盘查。欧阳天年放缓脚步，苦想入城办法。正当他冥思苦想之时，突然一部小轿车停在了他的面前，车上有个人竟然是他以前私塾的一个同学，现在国民党政府里面当官。欧阳天年灵机一动，谎称说他刚从茶农那谈生意回来正准备进城，那个同学就热情地邀请他一起坐上汽车进城。欧阳天年带着的电台配件，就这样神不知鬼不觉地躲过了敌人的搜捕，顺利进入福州城，安全地送到高振洋的高家大院。

为方便开展革命工作，欧阳天年在中亭街开办了一家名为"逢春馆"的书店印馆，接收欧阳天定从上海购买的进步书籍，再进行翻印、发传单分发到福州各处，并通过直线渠道，秘密运送至中共闽江工委。这些进步书籍，影响并引导了一批爱国人士、进步青年走上了革命道路。至1947年8月，城工部的党员已发展到2000余人。在宣传舆论方面，城工部也搞得有声有色，李铁亲自领导和主持出版了《火炬》《人民》等刊物，积极宣传马列主义和党的方针政策，对城工部基层党组织的工作起到了积极的指导作用。中共闽江工委的各项工作搞得轰轰烈烈，不仅城市工作顺利进展，也发展了福州周边县的农村工作，游击武装不断壮大，反特斗争也取得了良好的成效。

"生顺茶栈""逢春馆"等从正式挂牌起就作为中共福建省委地下党交通联络站，一直坚持到了福州解放后，贯穿抗日战争、解放战争的全过程。

抗战胜利后，欧阳天年夫妇重操旧业，分别在中亭街、下杭街重开了"一枝春""第一峰""阜兴春"和"同安"茶叶商店。除继承"生顺茶栈"的传统制法外，还对茶叶包装进行创新。包装茶叶的铁盒、铁罐十分讲究，分为圆、方、长、扁不同形状，并印有多彩的美丽图饰，成为当时馈赠亲朋好友的时尚佳品。在抗美援朝期间，欧阳天年一如既往地支援前线，把生顺茶栈的"一枝春"作为军需物品支援朝鲜战场。新中国成立后，"一枝春"公私合营改造，欧阳天年出任"一枝春"副主任。在"大跃进、大公社化""文化大革命"运动中，欧

★ 民国生顺茶栈门口繁荣景象　　（欧阳芬提供）

欧阳家族：生顺茶栈

阳天年因参加革命牵涉城工部重大政治冤案事件，又遇到土地改革、"三反五反"、公私合营、"文化大革命"等多场政治运动和冤案，失去了福州、长乐、天津、北京、香港、台湾等所有房产，国内财产全部被没收，被打成"走资派、大资本家、大地主"，开除党籍，直到1985年才获得平反，恢复党籍。

茉莉芬芳

"露华洗出通身白，沉水熏成换骨香"，这是对欧阳家最好的写照。从1938年福州下杭路238号—240号"生顺茶栈"作为中华民族解放先锋队福州队部、福州工委旧址、中共闽浙赣省委地下党交通联络站、闽沪省委地下党交通站福州联络点、城工部地下党交通站，直到1949年新中国成立，"生顺茶栈"这处党的地下联络站在欧阳玉良和欧阳天年的保护下从未被敌人发现和破坏，"生顺茶栈"一直是中共福建省委地下党最坚强的地下联络站之一。而欧阳天年从没有以此前经历为夸口，更没有炫耀曾倾家荡产支持革命，直到1997年去

★ 百年生顺龙纹盘扣图案　　　欧阳芬（提供）

世依旧守口如瓶，不仅反映出那段特殊历史时期家被查封、人受打击的无奈和悲苦，也反映出他长期做地下工作守口如瓶的坚韧品质。"生顺茶栈"在完成使命的同时，也见证了家族儿女们为中国革命建立的不朽功绩，为福建和福州的抗日救亡和解放事业做出了重大贡献。

1971年、1976年欧阳天年的孙女欧阳芬、欧阳芳姐妹出生后，一直和他生活在一起，他把姐妹取名为"芬""芳"，意蕴百花里只有茉莉才芬芳，茉莉花雪魄冰姿、坚强、不屈不挠。他要求姐妹俩秉承家训"信达天下 忠义报国"，不管遇到什么困难和挫折都要像茉莉花那样，不要放弃信仰、放弃自我，依旧冰清玉洁，绽放出人间第一香。

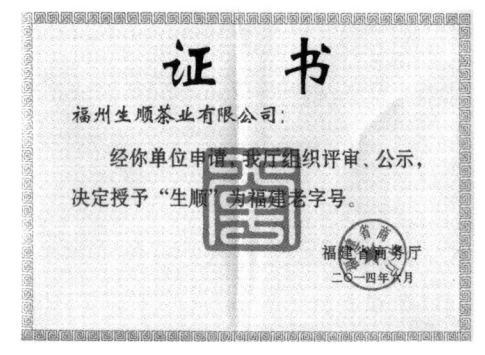

★ 2014年6月获得福建老字号称号

为了保存福州这一段特别的历史记忆，告慰那些曾经为人民的解放、新中国诞生而默默付出的先辈，省市区各级史志均记载欧阳家族故事，央视到区级电视台多次拍摄"生顺茶栈"故事影视作品。

——2009年，福州市台江区政府启动了上下杭历史文化街区

欧阳家族：生顺茶栈

的前期调研和论证工作，其中包括将欧阳玉良故居——"生顺茶栈"旧址开发成为爱国主义教育基地。

——2012年"生顺茶栈"被列为省老字号保护单位；8月，"生顺茶栈"成为中华老字号会员单位、荣获中华老字号传承创新先进单位称号，欧阳芬被评中华老字号传承创新优秀掌门人。

——2013年2月，"生顺茶栈"旧址被省政府列为省级文物保护单位；6月和11月生顺茶业选送的"生顺玲珑雪""生顺雨丹荔""生顺芬雨雅韵"被福建省农业厅、福建省名优茶评审委员会分别评为"名茶""优质茶"。

——2014年6月，福建省商务厅授予生顺茶业公司"福建省老字号"称号；12月3日，中国政府发布了《国务院关于公布第四批国家级非物质文化遗产代表性项目名录的通知》，国务院正式批准文化部确定的第四批国家级非物质文化遗产代表性项目名录（共计153项）和国家级非物质文化遗产代表性项目名录扩展项目名录（共计153项）并予公布。中国福州茉莉花茶制作技艺（福州茉莉花茶窨制工艺）榜上有名，文化部认定欧阳玉良、欧阳天年父子家族作为中国茉莉花茶窨制工艺的始祖。

——2015年10月，中华人民共和国第一届青年运动会的主火炬图案设计源于"茉莉芬芳"这座老宅墙上花岗石砌的八片花瓣单瓣茉莉花。

——2017年，省委组织部将生顺茶栈欧阳天年父子的爱国故事上报中组部，列入由中组部党员教育和干部测评中心承办全国党员干部现代远程教育的红色故事汇中，作为全国党员干部的必修课之一。

——2018年9月，生顺茶业公司获第二届"收藏杯"老茶王争霸赛寿眉组金奖。

——2019年8月，中宣部将欧阳天年红色革命故事列入学习强国红色故事汇中，作为全国党员干部的必修课之一。同年7月和8月，中共福建省委党史研究和地方志编纂办公室、福州市台江区委党史办收藏家族历史资料。中共福建省委党史研究和地方志编纂办公室、福建省图书馆、中共福州市委党史研究和地方志编纂办公室、福州市档案馆、台江区党史办等单位先后收藏家族历史，以史鉴今，资政育人。12月，由国家文化和旅游部立项拍摄《福建文化记忆·福建中华老字号》，将《生顺茶栈》作为样片，福建省图书馆将福建省中华老字号电视专题片纲入"福建文化记忆"项目。

——2020年3月，福州市古厝集团提升行动持续推进，拟将生顺茶栈开辟为红色历史文化教育基地。7月，福建省商务厅拍摄《上下杭》重点推荐生顺茶栈。8月，长乐桃坑村老宅《凤凰展翅》被长乐列为一般文物点保护。10月，恰逢新中国成立71周年，台江区委党办和地方志研究室开设《红色史迹》专栏，第一期就宣传《生顺茶栈》；台江区委拍摄《百年商埠台江潮》开播，讲述古厝故事，观海丝启泊，闽商风华，传扬台江精神，《生顺茶栈——义在利先》于11月8日首播。

欧阳家族：生顺茶栈

——2021年1月29日，欧阳芬入选福州市党史和地方志专家库第一批入库专家；3月，为庆祝建党100周年，省文物局下发《关于核定公布福建省第一批革命文物名录的通知（闽文物字【2021】92号），公布了省第一批不可移动革命文物，台江"生顺茶栈"旧址唯一入选；10月8日，中央纪委国家监委隆重推出"清廉中国党史故事"《茶栈里的红色记忆》。

——2022年5月，商务部数字博物馆上线生顺老字号；8月23日，获得福州市商务局首批"福州老字号"认定称号。

《名人与台江》

罗金城家族：钱庄古厝话春秋

秦 佳

近代福州，闽江上游各府物资运达福州后在闽江北港北岸及南岸的各处码头交易或经转出海，运往沿海各商埠或海外行销，带动福州商业发展，尤其是南台的上下杭及周边一带因靠近闽江北岸，且内河通江、纵横交错，吸引了众多省内外富商纷至沓来"淘金"，商行、钱庄、会馆林立，成为闽商的发祥地，被誉为"福州传统商业博物馆"。南台一带还是近代福州金融业集中地，长期执福州金融之牛耳，钱庄、典当、银元局、银行、保险、侨汇庄、钱业同业公会等相继出现，金融与贸易相互促进，助力福州社会经济稳步发展。

福州钱庄肇始于明末清初，发展于清代，鼎盛于清末至民国中期，之后渐渐退出历史舞台，历经数百年。而在近代福州金融史上留下浓墨重彩的一页，首推福州豫章罗清韩家族以及绵延之后的数代人。罗氏家族数代人的百年钱庄经营史，亦是半部福州金融史，尤其是罗金城创办的昇和、恒和钱庄最具典型代表性，历史悠久，诚信经营，不仅支持当时大宗商品——茶叶出口，还稳健发行台伏票，开展省际汇兑等金融业务，为福州钱庄业兴盛

罗金城家族：钱庄古厝话春秋

发挥重要作用。了解罗氏家族百年金融业经营史，不仅有助于人们了解福州近代金融史，还可了解百年前福州民族工商业者在当时积贫积弱、列强入侵、内忧外患的中国，坚持民族大义，致力于发展工商业以造福社会，坚守经商不忘救国、不忘公益的强大信念。

如今，在福州上下杭历史文化街区，从下杭路90号贯通至上杭路85号，仍矗立着一座修葺一新、始建于清光绪年间、规模庞大的"文物钱庄"古厝——罗恒和钱庄和罗家大院。这座饱经历史沧桑的钱庄，仿佛仍在诉说罗金城家族作为福州近代金融世家的创业往事与可敬的时代精神。

★ 下杭路罗恒和钱庄旧址　　　　　　　　　　秦佳（摄）

《名人与台江》

缘起《福州双杭志》

2006年初,当笔者还在工商银行鼓楼支行上班时,一个休息日,先母罗毓琼拿了一本由方志出版社出版的《福州双杭志》新书给我看,并告诉我书里写到罗氏家族。这是笔者第一次听母亲提起她出身的罗家的祖业之事,也才知道罗家前辈数代人一直经营钱庄——这跟笔者当时正在从事的银行业似乎有着前世今生的联系——这让笔者很是诧异。阅读《福州双杭志》这本书后,笔者方知母亲出身的罗家曾是福州一个知名的金融世家,她的高祖父罗端坡、曾祖父罗金城、祖父罗勉侯都曾是福州双杭地区钱庄业的佼佼者和有影响的人物。

笔者因当时忙于工作和家庭的事,没能投入太多时间对罗家及钱庄等做更深入的了解,只是想等退休后再说,现在看来,这个决定显然是错的,造成了无法挽回的损失,令笔者至今仍感到十分遗憾:因为随着母亲的离世,很多关于罗氏家族的史料无法听她亲口以一个亲历者加以详细讲述。

《福州双杭志》这本书后来成了笔者退休后的兴趣读本,多次翻阅研读,并另外购买和查阅了许多20世纪80年代的《福州工商史料》等书籍,进一步了解福州的金融及工商文化发展史,同时也研读了罗家数代人写的家谱和母亲留下来的一些家族典型人物的资料,最近五年笔者联系和走访了罗家八元堂族人共20

多人,其中与笔者的母亲同辈的世字辈耄耋长者及其家人有11位,最大的103岁;有的长辈因高龄、在异地,则是通过电话联系他们或家人、后代转达我的问题,他们均十分热情、详细为我答疑,有的甚至忙到夜晚读我的文稿给老人听,并加以指正和补充,这令我十分感动,经过多方联系,弥补了许多缺憾和珍贵的罗家族史记忆。多年来,笔者坚持对罗氏家族在百年前开办的钱庄以及双杭地区乃至福州地区早期钱庄业的发展、兴衰过程,历史背景进行深入了解和剖析,收获颇丰。由此,一个金融世家创业道路的历史画卷在我眼前渐渐铺展开来。

母亲的先祖罗清韩(1729—1787),字希魏,于清乾隆年间(约1752),抱着摆脱贫困求发展的梦想,撑着一把雨伞,怀揣200文铜钱,背着一个布包,独自从客家人聚居的龙岩连城文亨乡坑子堡,来到当时手工业比较密集的福州"双杭"地区的后浦铺即今天的延平路一带落脚,他就是福州豫章罗清韩系一世祖。

后来笔者从福州金融史料中了解到,罗清韩系一世祖罗希魏生活的福州清代,社会上流行使用银两与制钱(铜钱)作为流通货币,人们需要将银两熔成标准重量,如一两、五两、十两等,在日常生活的购物或缴税时使用,由此诞生了专事销熔银锭的银铺业。罗希魏到福州后,先在一家银铺靠销熔银锭技艺谋生,逐渐积累资金后自行开店经商,他成为罗家经商的鼻祖,开启了之后的罗氏家族数代人的经商之路。

笔者常常想,罗家先祖罗希魏当时只有20多岁,应该是一位拥有一股敢闯天下勇气的年轻人。试想，当初如不是他大胆走出贫困的连城文亨乡，披荆斩棘、筚路蓝缕一路走来，哪里会有后来上下杭地区数代经营钱庄的福州豫章罗清韩家族。这位年轻人踏出的步伐不仅改变了他个人的命运，也诞生了一个延续数代且与金融业密切相关的罗氏家族。

家谱里藏金融史

令笔者感到庆幸的是，罗家有记写家谱的传统，也由此给后人留下了了解先人创业足迹的珍贵记录。如果没有家谱对家族文化的记录，如何知道两百多年前罗家一世先祖是从连城来到福州的以及此后的传承？如果没有家谱里的记录，又如何了解福州罗氏家族数代人所经历的非同寻常的创业史？

带着追寻罗氏家族金融创业史的足迹，也本着挖掘福州金融文化发展历史的使命，近年来，笔者对先母留下的两本罗氏家谱，即由先母的曾祖父罗金城晚年专程回祖籍连城收集罗氏先祖资料后于1911年编撰的《罗氏宗谱》（复印件）、罗家八元堂族人于1995年编撰的《福州豫章罗氏八元堂宗谱》，以及由罗金城八个儿子的后人撰写的各房支谱、罗家相关典型人物的生平简历进行深入研读，并到各大图书馆查阅连城罗氏先人所撰的《连城文亨罗氏族谱》、省市图书馆和省市档案馆保存的有关福州豫章罗清韩家族创办金融与工商业的资料、《福州工商史料》登载的

罗金城家族：钱庄古厝话春秋

罗家典型人物的事例，对福州豫章罗清韩一族的金融创业轨迹等方面有了更多的了解。

从家谱里找出的脉络可以得出这样的结论：罗家自来榕第一代罗清韩开始世代经商，但后代经商之路并不都是一帆风顺，而是伴随着时代和社会的发展，历经光阴的洗礼，起伏跌宕，有起有落。比如，到了罗清韩系的第五代孙罗端坡（是罗桂霖的长子，1811—1870）时，家道中落，其父亲甚至因经营难以维持，不得不卖掉祖宅以维系全家人的生活。好在罗端坡从小刻苦学习，立志长大后重振家业。

鸦片战争后，福州被迫开放为"五口通商"口岸之一，西方列强向我国推销其工业产品如纺织品与大量的鸦片，并从我国进口廉价的农产品与原材料。由此，商贸变得更加频繁，金融业随之兴起。根据罗家的家谱记载，青年时期的罗端坡抓住经营货币的难得机遇，大胆地筹集资金率先在福州南台双杭地区开办罗氏首家钱庄——晋和钱庄（今延平路），经营银钱兑换、存贷款等业务，为农工商提供资金流通和周转，一举奠定了他作为上下杭地区执金融业牛耳的地位，也成为罗家真正从事金融业的第一人，更是福州豫章罗清韩家族改变创业轨迹的又一关键人物。除了金融业，罗端坡还将经营范围扩大到茶叶、木材、土特产等行业。经过一番艰苦奋斗，罗端坡逐渐积累财富，成为一代富商，也奠定了罗氏家族殷实的经济基础。之后，罗氏家族的数代后人仍从事经商，尤以金融业著称于福州。

家谱记载：罗端坡育有文基、文根、文庄三子，是福州豫章罗清韩系第六代，三子均继父业从事金融、商贸等行业。其中长子罗金城，字文基，号筱坡，家住下杭街，立"八元堂"，开办昇和、恒和、均和钱庄，其中均和钱庄与文庄合办。三家钱庄分设于今上藤路、下杭路、延平路，另在上海开办恒和汇兑庄，作为昇和钱庄与恒和钱庄的分号。还在福州开办允孚、恒孚当铺，其中恒孚当铺与黄恒盛及文庄合办，两家当铺分设于上藤路、横山铺。次子罗诱图，字文根，号莱吟，住南禅寺亭前街，立"鼎荫堂"，开办恒余钱庄，设址于上杭路。三子罗韫苍，字文庄，号廷璧，住海防前，立"诗礼堂"，开办恒春钱庄（今延平路79号）。族谱还记载：罗金城的次子罗榆侯，清举人，江西崇仁县知县，辛亥后返回故里下杭街，后来在中亭街独资开办泰裕钱庄，不久由其子罗伯恺承接经营，显示子承父业，后继有人。

罗家自罗端坡开始，祖孙三代一共在福州开办了七家钱庄和两家当铺，在上海开办了一家汇兑庄，当年在福州金融业占有重要的一席之地。

罗端坡致富后不忘桑梓，曾出资在福州修建罗氏试馆。目前该试馆系政府在原址重建。根据《连城文亨罗氏族谱》记载：罗氏试馆坐落在福州左营司池亭里二号，现中山路19号。该馆由文亨罗氏祖上始建于明末，供连城罗氏裔孙每三年一次参加乡试的住、读之处。清同治初年，由连城文亨太郎公二十九世裔端坡公修建。罗端坡的善举也为后人留下公益典范。

罗金城家族：钱庄古厝话春秋

传奇人物罗金城

2006年，福建电视台综合频道的摄制组对笔者的先母罗毓琼（罗金城第八子罗勉侯的孙女）及福建师范大学历史系教授林精华教授等人进行采访后，录制了一台节目《闽商·双杭商梦》在电视台上播放，并将采访过程、内容整理后写成文稿，制作成一个光盘赠送给母亲。母亲收到这个光盘后十分欣慰并吩咐我到店里复制了10多份盘，用于分发给罗家族人。母亲特别叮嘱我一定要去看一下光盘里的内容。从这个光盘中，笔者了解到一些以前不曾了解到却由摄制组查询到的有关罗金城、罗勉侯父子作为福州商会会长的一些历史资料、社会背景，以及母亲口述的罗家流传下来的罗家钱庄创办过程的典型事例等珍贵族史资料。而这其中，最典型的人物非罗家罗金城（1843—1915）莫属，他曾是福州金融业领军人物，不仅创办多家钱庄，还是度支币制局顾问、南洋劝业会理事，曾巨额融资支持福州茶业出口，参与创办福州商务总会并亲任第二任会长，一生在金融业里成就辉煌。

从罗家的家谱中可以了解到罗金城的成长轨迹：自幼聪明好学，13岁应童子试，因父亲患有眼疾，无法经商，他即弃学从商，跟随父亲学贾，打理父亲的钱庄和商贸业务。在父亲的言传身教下以及多年在商场上的历练，他积累了丰富的从商经验，未及弱冠便继父业。他作风诚实端谨，勤奋果敢，在商界受人尊重。他先后创办了多家企业，行业涉及钱庄、汇兑庄、当铺、进出口商行、木行等。

19世纪60年代中期，20多岁的罗金城踏上创业之路。他把经商目光投向当时商业颇为繁华的仓山大岭下（今上藤路）。这一带靠近闽江泛船浦码头，时福州茶叶出口处于鼎盛期，为全国三大茶港之一，被誉为"世界的茶港"，仓山大岭下一带商行、钱庄、会馆、洋行等林立。商贸发展离不开金融业支持，年轻的罗金城抓住商机创办了昇和钱庄。

位于今上藤路上的罗家昇和钱庄是一座坐东朝西的两层砖木结构建筑，占地面积约260平方米，临街外墙上有一个精美的"古钱币"型窗口格外醒目，预示着钱庄的身份。钱庄内设有金库重地。该钱庄主要开办钱币兑换、存贷款、汇兑、票据等业务，并发行台伏票在市面流通，贷款对象主要是仓山的工商企业。由于昇和钱庄实力雄厚，当时一些茶行的大笔贷款常倚之为泰山之靠。

★ 昇和钱庄旧址　　　　　　　　　　　　　　池志海（摄）

罗金城家族：钱庄古厝话春秋

罗金城的钱庄曾见证早期福州茶叶出口欧洲的一段历史。1868年4月，一支来自英国的商船队到福州采购茶叶，给下杭路同孚茶行带来一笔巨额订单。茶行老板惊喜万分却又陷入焦虑之中，因为茶行流动资金短缺，要完成这份巨额订单需筹集到三万两白银先行收购茶叶。于是，茶行老板把融资的希望投向昇和钱庄。时年仅25岁的昇和钱庄掌门人罗金城面对茶行的巨额贷款申请也颇有顾虑，但经过深思熟虑后，最终做出大胆决策。他果敢地调动昇和钱庄全部银两，将三万两白银贷给茶行。这笔巨额贷款解了同孚茶行燃眉之急，双方都获得丰厚的回报，也为罗家赢得良好声誉，罗金城由此跻身金融业前列，声名鹊起。

据《福州金融志》记载，清朝末年，福州钱庄资金的主要来源靠吸收存款和发行不兑换的纸币。自1906年起，福州地区除使用银圆外，各大钱庄开始发行一种以"台伏"为本位的货币即台伏票，以代替现洋（银圆）在市面流通。台伏票的"台"是福州南台（台江）地区的简称。"伏"是"佛"的谐音，指当时流入福州带有西班牙皇帝像（似印度佛头）的银圆。台伏票即福州银圆之意。台伏票一元等于银圆一元，折合制钱（铜钱）约1000文。当时，福州钱庄按分类只有实力较为雄厚的"出票店"才有资格发行台伏票。罗金城经营的昇和钱庄因为实力雄厚，开办于晚清时期，时间较早，资本金较为雄厚，达10万银圆，因此拥有发行台伏票的资质，发行数量也较大，且信誉卓著，是福州发行台伏票的主要钱庄之一。罗金城经营的昇和、恒和、均和三家钱庄中，唯有昇和钱庄一家发行台伏票，是出于管控风险的考虑，可见罗金城谨慎稳健的经营作风。这一严谨的做法一直延续了数十年，直至1935年应政府规定福州钱庄、其他银行停止发行货币，一律使用"法币"，即中央、中国、交通、农业银行发行的法定货币为止。

根据福州工商史料记载的统计数据显示，1933年，全市发票行共29家，发票（1928年改为发大洋票）总额280万元，昇和钱庄占15万元，占比达5%。1935年，昇和钱庄、恒和钱庄资本总额均为10万银圆，两家钱庄对福州仓山如"火柴大王"林弥钜创办的协利锯木厂、南台商业大户同城碗行等主要工商企业，以及城内南街的百年老字号回春药店等商贸企业常有放贷，大额贷款从10万银圆至12万银圆不等，贷后跟踪措施得力，贷款均全额收回。自1928年开始，罗家位于下杭路的恒和钱庄是福州钱庄业"大洋票"的四个行枰（票据清算）点之一。根据金融机构的记录数据显示，1935年，恒和钱庄营业额达80万银圆，居同业首位，另外罗家的昇和钱庄营业额为50万银圆，均和钱庄营业额为25万银圆。以上数据表明，罗家的昇和、恒和、均和三家钱庄在民国中期福州钱庄业的地位非常突出，对福州工商业的发展发挥过重要作用。

罗金城除了开办钱庄、发行台伏票，还开办汇兑庄，且将金融业务的触角延伸至当时金融业十分发达的上海。19世纪后半叶，国内贸易数额巨大，汇兑（申汇）业务十分发达，上海成为全国金融中心。当时国内各地银行业尚不发达,汇兑业务主要由钱庄来办理。清末,罗金城在上海金陵东路135弄晋安里1号设立恒和汇兑庄,作为福州昇和、恒和钱庄的联号,办理福州至上海的汇兑业务,从而促进榕沪两地商户的款项结算。20世纪40年代初期,因当时的中央银行统一办理票据交换,根据管理条例规定,罗家在上海经营了数十年的罗恒和汇兑庄,不属于银钱业身份而停业。

晚清时期福州的典当业十分流行,早于钱庄业的诞生。清末罗金城先后开办了允孚当铺、恒孚当铺作为融资机构。罗金城待人宽厚,放宽典当期限以济贫民之急,深受好评。

罗金城生前十分重视公益事业,据《福州商会史》及福州四中校史记载:民国初年,罗金城捐出巨资参与创办台江商立两等小学堂,任该校董事长,并亲自规划办校事宜。该校是现在的福建省福州第四中学的前身。民国初年,罗金城还捐款5000银圆助建基督教青年会大楼,该大楼至今仍矗立在闽江之滨的苍霞洲,与"苍霞晚照"之景共生辉。

钱庄古厝话沧桑

晚清时期,双杭地区因靠近闽江北港北岸,且周边内河通江,是各地货物的集散地,商机无限,省内外巨商蜂拥而至开办钱庄等,多时钱庄达20多家。继昇和钱庄之后,罗金城把投资目光投向上下杭地区。清光绪年间（1885），罗金城在南台下杭路72号建业开办恒和钱庄，新号为下杭路90号。该钱庄主要办理钱币兑换、存贷款、汇兑等业务，贷款对象主要是双杭地区的工商企业，是上下杭鼎盛时期最大的钱庄。

2019年的一天，笔者在表哥、罗金城长子的曾孙罗以炘（1935—2021）的带领下，与《海峡都市报》记者宋辉先生、古建研究者陈朝军老师等人首次进入下杭路90号恒和钱庄旧址内部实地勘察。我们一行数人在破旧不堪的恒和钱庄旧址里穿行着。作为曾经的原住民，以炘哥找到他儿时在恒和钱庄西组第五进居住过的房间位置，他告诉我说："当时我和我的奶奶住在这一进的东厢房，你的妈妈（笔者的先母）和你的外婆住西厢房。"看着眼前的一切我感慨万分，母亲离世后8年我才找到她当年住过的罗金城家族在下杭路的祖居，百年祖居是如此的凌乱、悲凉，与流传中的"南山有鸟、北山张罗"（张、罗分别指当年的富商张秋舫、罗金城）仿佛隔着一个世界。我请一起前往的表姐顾跃进（笔者先母堂姐罗鸣钟的女儿）为我拍了一张母亲住过的房间位置的照片。但愿母亲在九泉之下能够感受到我对她的思念和我对她生前叮嘱的未尽事宜正在执着地去履行，即传承罗氏家族优良的文化。而且有许多罗家长辈、族人和外界的有识人士正在帮助我去做得更好，令我很受鼓舞。钱庄内部很大，结构复杂，进入钱庄如同进入一个"迷宫"，如果没有以炘哥带路，我们无法知道当年这座钱庄大厦的具体布局与安排。以炘哥一一为大家介

罗金城家族：钱庄古厝话春秋

绍了钱庄的办公区、经理办公室、柜台、金库、钱庄高级职员休息室（二楼）、厨房等位置及钱庄后院罗家各房当年的居住情况，我在现场立即做了相应的记录。在场的陈朝军老师为大家一一解读该钱庄作为晚清南方多进式建筑的一些特点，令我们眼界大开，叹为观止。

恒和钱庄旧址建筑坐北朝南，自今下杭路90号贯通至上杭路85号，占地面积约2791平方米，双层、大木结构，布局为并排两组院落，每组各六进，共计十二进，四周筑有防火高墙。其中，东组第五进为民国时期改建的"洋楼"，展现了昔日的繁华。该建筑兼具商用、居住两大功能；其中西组第一进约400平方米，曾为恒和钱庄办公场所，内设坚固的钱庄金库，约8平方米；其余东、西组十一进为罗金城家族数十人居住的罗家大院。该钱庄

★ 恒和钱庄旧址　　　　　　　　　　来源：《福州双杭志》

旧址是目前上下杭地区唯一留存的最大钱庄古厝，极具历史文物价值。

晚清至民国期间，台江义洲一带因靠近闽江内河白马河，闽江上游木材顺流而下，到达福州后大部分停泊于白马河，形成了理想的天然水坞，大批木材商汇聚于此开办杉木行。这些木材商行有大量的融资需求，极富商机，眼光独到的罗金城于1913年与二弟罗韫苍一起，在临近义洲的延平路72号开设均和钱庄，办理存贷款业务，贷款对象主要是义洲一带的木商行。同时，该钱庄还依托罗家开办的恒记木行，做大贷款业务。

令人遗憾的是，均和钱庄没有留下任何照片，只能从家谱和金融机构记录等文字中寻得一丝痕迹。至于钱庄旧址，因为城市化改造的拆迁、拓路和盖新楼，如今已不见遗迹。

"领头羊"者罗勉侯

罗金城去世后，原在西藏、四川等地为官，辛亥后回归故里的长子罗桐侯意识到金融业首重资本，主张将八兄弟的财力聚合在一起，这样才更有利家族钱庄稳定发展，此提议得到众兄弟一致支持。长兄罗桐侯是位见识广、有远见有胸怀的人，对幼弟罗勉侯的商业才能非常赏识，在他的提议下，众兄弟共同推举罗勉侯主持经营家族大部分公房产业如钱庄等，仅恒和汇兑庄（上海）由罗金城第三子罗毂侯、坤记进出口商行由第六子罗梓侯分别主持。罗勉侯果然不负众兄长的厚望，在他的稳健经营及罗家众兄长的密切合作下，昇和、恒和、均和钱庄的声誉在商界均得以长久维持，令世人刮目相看。

罗勉侯（1884—1938），又名罗嶔嶤，罗金城的第八子，属于福州豫章罗清韩系的第七代。他从北京五城中学毕业后，就协助父亲经商，很早就步入商界，经过多年历练，不仅继父业发展家族钱庄业，还兴办多家工贸企业，在金融界、商界有一定的影响力，曾二次担任福州商会会长，累计时间达13年，同时兼任福建省银行的监事。

罗勉侯一生倾力于钱庄事业，除管理好家族的钱庄的各项业务，还稳健发行台伏票，促进商贸业发展，同时还为维护福州钱庄业的金融秩序起着"领头羊"的作用。

历史上的福州，钱庄发行台伏票曾经历过一段混乱的局面。如1918年，福建督军兼省长李厚基从当时的官办的钱庄福建银行提取巨额资金充当军费，迫使福建银行滥发130万元台伏票，同时也有部分私人钱庄存在滥发台伏票的现象。1922年，李厚基倒台后，福建银行倒闭，由此造成多家钱庄连锁挤兑而歇业，福州钱庄业面临着前所未有的危机。

1925年，时为恒和、昇和钱庄负责人及福州总商会会长的罗勉侯，与天泉钱庄老板刘健庵共同倡议，在钱庄业组织福州金融维持会，建立行坪制度与钱商研究所，以监督钱庄的货币发行，制定了一系列有效的管控措施并加以施行，效果彰显。这一时期，福州发行台伏票的钱庄严格控制在45家，全市台伏票总量控制在450万元，不得突破；限制台伏票流通范围，规定上至洪山桥，下到马尾、琯头、连江、长乐流通，重点在福州市区，其他县或地区均不能行使。由于台伏票发行总量和使用范围受到严格控制，起到维护福州金融秩序的作用，有助于当时福州的商业繁荣。因此，牵头维护福州金融业秩序的罗勉侯在商界、金融界树立起很高的威望。

《福州金融志》还记载，罗勉侯曾两次受邀参与平息金融重大事件。1934年6月，美国通过"购银法案"，推行"白银政策"，高价收购白银，国际市场白银价格上涨，我国白银外流严重，国内通货紧缺，造成金融恐慌，史称"白银风潮"。此外，1935年国民政府实行"法币"政策、福建发生"闽变"等原因，均造成福州金融市场萎靡不振，中行、农民、实业、辛泰、福建东南银行和天吉、复余钱庄发生挤兑，商号陆续倒闭，造成福州工商业的融资渠道受阻，福州经济、金融和商业顿时陷入恐慌。为救济福建金融，1935年12月，省政府成立"救济福建金融委员会"，罗勉侯作为钱庄业的知名人士、福建省银行监事、闽侯县商会会长被聘为9人救济福建金融委员会委员之一，并被推举为常务委员之一。该委员会于1936年1月9日开始工作，经过3个多月制定、实施相关方案。其中措施之一由福建省银行及交通银行先后贷给福州各钱庄、商帮等共计法币即法定货币50万余元，以不动产做抵押。到1937年最终平息了金融恐慌，稳定、活跃了福州金融市场。

1935年，国民政府实行法币政策后，福建东南银行因在改组未获批准时擅发钞票达140万元，造成挤兑风潮。时任闽侯县商会会长的罗勉侯应邀加入"整理东南银行委员会"，作为七人委员之一参与善后处置工作，制定"整理"方案，与其他成员积极配合，商定解决办法，最终平息了此次金融风波。

罗勉侯生前热心公益事业。根据《福州仓山区建设志》记载：20世纪20年代初，罗勉侯曾出资助建仓山港头河上的港头桥。《福建文史资料》第十六辑记载：1929年，罗勉侯与刘雅扶、黄瞻鸿等7人各捐款1000银圆，在白马河畔兴建乌山图书馆。罗勉侯任福州总商会会长后，复办商立小学堂，后经数次更名，定名为私立福商小学，罗勉侯亲任董事长。据福商小学校长林志纯先生于1939年撰写的《忆罗勉侯先生》记载：罗勉侯曾大力出资办学、资助成绩优异的贫困生升学等。后该校发展成私立福商中学，罗金城、罗勉侯、罗郁坦祖孙三代任该校董事长，数十年支持商会办学，传为佳话。该校后更名福州第四中学，再后其他三所（四端、农工、开智）学校并入，现为福建省福州第四中学，百年老校，桃李芬芳。

乱世金融难为继

抗日战争爆发后，罗家经营的实业受到致命的冲击，首当其冲的是锯木业、进出口业等业务因海上封锁受到重创而相继倒闭。

以木材行业贷款为主的均和钱庄也同时面临无法支撑经营的局面。国难当头，乱世难平，使掌管大家庭金融事业的罗勉侯受到莫大的打击，身心俱疲。尽管时世艰难，但在抗日战争中，罗勉侯作为闽侯县商会（后改为福州商会）会长仍积极应对，由时任闽县商会委员的陈培锟撰写的《罗君勉侯行述》中可见：凡抗敌后援之进行、航空建设之补充、战区难民之救济、省际贸易之维持、公债劝募之需要，罗勉侯均多方奔走出力，组织商户疏散物资、慰问抗日军队，尽自己所能做出贡献。因过于劳累，积劳成疾，赴沪就医，不幸于1938年12月在上海病逝。临终前他仍不忘叮嘱子侄："爱家须先爱国，爱国即以爱家。"

罗勉侯去世后不久，均和钱庄停业，由罗家"八元堂"郁字辈、福州豫章罗清韩系第八代堂兄弟共10多人合伙经营属于罗家八元堂公房的昇和、恒和钱庄。罗勉侯的次子罗郁坦（1916—1979）成为家族钱庄的掌门人。

1938年以后，罗家郁字辈众堂兄按照当时国民政府的《公司法》规定，将昇和、恒和钱庄合并，筹集一大笔资金存入中央银行验资后，获得批准成立昇和钱庄股份有限公司，仍简称昇和钱庄，在恒和钱庄旧址办公。公推时为上海浙江兴业银行副总经理罗郁铭为董事长，罗郁坦出任总经理，陈梓端任经理。之后，他们开始筹划将昇和钱庄吸收部分外股后，拟改组为福州海南实业银行，并推举时任省财政厅厅长的陈培锟为董事长。正当该计划获得批准时，却逢日军第二次入侵福州，罗家钱庄改组银行之

罗金城家族：钱庄古厝话春秋

梦破灭。

1945 年抗战胜利后，昇和钱庄经重新登记获准营业。根据福建省档案馆及《福州金融志》留存的记录显示：时昇和钱庄董事长为罗郁铭，董事会成员包括：罗郁坦、罗伯恺（郁奎）、罗郁言、罗光陶、罗世荣等十多人。罗世钰任昇和钱庄襄理及福州钱业同业公会理事。前述有 9 人是罗家八元堂郁字辈堂兄弟，3 人是世字辈堂兄弟即福州豫章罗清韩系第九代。至此，昇和钱庄由罗家八元堂四代人连续接力经营八十多年，在福州乃至全国都属于家族钱庄的典范。

1948 年 8 月，由于发生恶性通货膨胀，法币急剧贬值，国民党政府宣布废除"法币"改发"金圆券"。储户们担心存在银行的储蓄贬值，纷纷挤进钱庄欲将手中的法币兑换银圆。昇和钱庄掌门人罗郁坦毅然做出决定，并代表家族变卖资产，继续全额向储户兑换银圆。罗家悲壮地以"自毁"的方式践行了闽商诚信为本的大义。

1948 年末，由于纸币贬值、恶性通货膨胀的打击，福州仅余的四家钱庄昇和（罗家）、厚余（张家）、慎裕（罗家）、闽孚（新开张）钱庄，报请中央银行福州分行同意后，先后停业。其中慎裕钱庄，由罗金城次子罗榆侯（1862—1934，清举人，江西崇仁县知县，辛亥后归里，好藏书）于 1932 年在中亭街独资创办泰裕，不久由其子罗伯恺（1892—1966，留学日本）承接经营十多年。抗战胜利后吸收外股改名慎裕钱庄股份有限公司，由罗伯恺任常务董事监理该钱庄日常经营，后期由罗伯恺的次子罗世荣（1919—2000）承父业参与经营。据《白银流入与福建经济》一书记载，该钱除了经营存贷款、票据贴现与承兑、国内汇兑、还引入买卖有价证券、代理政府款项、仓货质押等新业务，前期经营业绩一度颇好。无奈1948年因国民政府发行的纸币金元券恶性贬值、通货膨胀的打击而歇业。

至此，盛极一时的钱庄业在福州销声匿迹，罗家也退出了五代人经营达百年之久的钱庄业，钱庄在福州成为一段辉煌的历史载入史册。

20世纪50年代前期，原恒和钱庄旧址由罗家出售给福州手管局。之后，福州第八塑料厂等单位曾在此设厂。现恒和钱庄旧址被列为上下杭历史文化街区保护建筑，其中西组一至六进被作为"八闽商埠展示馆"，展示省市商贸发展的历史。

谱写金融新篇章

罗家的百年钱庄业彻底退出历史舞台，但罗氏几代人的金融步伐并没有就此停止，他们的后人融入新时代的银行业，继续奋力书写金融新篇章。

新中国成立后，原昇和钱庄从业人员及董事会成员中有多位罗家世字辈成员进入国有金融机构，成为各银行的业务骨干，参与国家金融事业的发展。如罗世钰，波士顿大学硕士毕业，进入

罗金城家族：钱庄古厝话春秋

华东区人民银行（上海）工作，主要从事金融教育，培养金融人才，桃李芬芳；罗光陶，上海圣约翰大学毕业，先后在中国银行香港分行、香港民安保险公司（襄理）工作；罗世溁，沪江大学毕业，进入中国建设银行福州分行信贷部工作。即便到了下一代以字辈及多位罗家后人仍从事银行、保险、证券等金融业，罗家的金融基因开枝散叶，得以无声地传承。

为了能更多地收集罗家世字辈先人从事金融业的典型事例，2022年6月的一天，笔者通过电话联系到舅母何蕴玉女士（1928—），她是笔者先母的堂哥罗世钰的夫人，一位复旦大学银行系毕业的高才生，建国初期进入华东区人民银行（上海），在金融系统工作十多年，熟悉新中国初期银行业发展情况，交谈中令我这位晚辈受益匪浅。舅母文笔好，写有罗世钰的生平回忆。在医院的病房里，她给笔者介绍了罗世钰舅舅感人的金融生涯往事。

罗世钰（1917—1999），出生福州，是罗金城次子罗榆侯的孙子，他的父亲罗伯恺（罗郁奎）民国时期在福州中亭街经营慎裕钱庄，该钱庄由罗榆侯晚年创办，罗伯恺承接，据相关资料记载这是一家颇有实力和引入证券、仓储质押等新经营范围的钱庄。1942年，罗世钰在西南联大经济学系毕业后进入罗家公房钱庄之昇和钱庄，曾任该钱庄襄理及福州钱业同业公会理事。1945年曾被"华南女中"聘为国文教师。1947年罗世钰考上赴美留学，于1950年从波士顿大学金融专业毕业，获金融学硕士学位。新中国成立之初，国家急需各方面的人才，诚邀海外学子回国参加建设，罗世钰放弃美方各项优惠挽留条件，毅然选择回来报效国家。1950年，罗世钰与150名留美毕业生冲破重重阻挠、不远万里、远涉重洋辗转回国。

罗世钰回国后进入华东区人民银行（上海）货币管理处工作，先后调往人民银行苏州银校、新疆维吾尔自治区人民银行从事金融教学12年，为国家培养了大批金融人才。特别是在进入新疆工作之前，罗世钰的胃刚被切掉三分之二，他克服难以想象的困难，勇毅前行。在新疆工作期间，他以瘦弱之躯，首创金融巡回教学，与两位作为翻译人员的维吾尔族人一起，克服交通不便的困难，经常在风尘中颠簸，为新疆维吾尔自治区银行基层系统的人员带去金融教学课程，足迹踏遍新疆南部各地。他每到一处，总被当地银行的员工渴望求学的热情所感染，倾情教学。"文革"期间，他在新疆受到冲击，被戴上"反动学术权威"的帽子，与同一单位工作的妻子何蕴玉，双双被劝"辞职"回家。在逆境中，罗世钰常用"事能知足心常乐，人到无求品自高"作为座右铭，夫妇俩风雨同舟、相濡以沫共同度过8年的蒙冤岁月，终于在1974年获得平反。退休后的罗世钰继续发挥余热，被福建师范大学聘请教授数名研究生英语，并被市二医院、福建省物构所等单位聘请，为这些单位准备参加高级职称考试的人员教授英语。1997年，罗世钰被列入享受国务院颁发的政府特殊津贴对象。

罗恒和钱庄旧址后门临上杭路，这里也被称为"白鹭树"，

罗金城家族：钱庄古厝话春秋

因上杭路北、彩气山麓有一株擎天古榕，数百年前，树上曾停留过无数的白鹭，这里的地名曾被称为"白鹭树"。如今，撑着巨大的树冠、垂着长长气根的这株古榕仍静静地矗立在彩气山南麓，犹如一位长着长须、饱经风霜的老者，见证了罗氏家族几代人的金融创业史与奋斗向上的精神与足迹。

★ 上杭路恒和钱庄后门　　　　秦佳（摄）